Ernest Ludwig Deimling

Die vierhundert Pforzheimer Bürger

oder die Schlacht bei Wimpfen - ein vaterländisches Trauerspiel in 5 Aufzügen nebst

Vorbericht

Ernest Ludwig Deimling

Die vierhundert Pforzheimer Bürger
oder die Schlacht bei Wimpfen - ein vaterländisches Trauerspiel in 5 Aufzügen nebst Vorbericht

ISBN/EAN: 9783743421776

Hergestellt in Europa, USA, Kanada, Australien, Japan

Cover: Foto ©ninafisch / pixelio.de

Manufactured and distributed by brebook publishing software (www.brebook.com)

Ernest Ludwig Deimling

Die vierhundert Pforzheimer Bürger

o

Die Vierhundert

Pforzheimer Bürger,

oder

Die Schlacht bey Wimpfen

ein vaterländisches Trauerspiel

in

fünf Aufzügen

nebst

Vorbericht,

eine kurze Geschichte von Pforzheim und die
Veranlaßung zu diesem Unternehmen enthaltend.

von

Ernst Ludwig Deimling.

Carlsruhe.
druckts Macklots Hof-Buchdruckerey
1788.

Dem Durchlauchtigsten Fürsten und Herrn Herrn

Carl Friedrich,

Marggraven zu Baaden und Hochberg, Landgraven zu Sausenberg, Grafen zu Sponheim und Eberstein, Herrn zu Rötteln, Badenweiler, Lahr und Mahlberg 2c. 2c. des Königlich Dänischen Elephanten-und Chur-Pfälzischen Huberti-Ordens-Rittern. 2c. 2c.

Meinem gnädigsten Fürsten und Herrn.

Durchlauchtigſter Marggrav,
gnädigſter Fürſt und Herr!

Verehrung, Liebe und Treue der Untertanen ſezten den heldenmütigen Marggraven Georg Friedrich, Höchſtdero glorwürdigen Vorfahren in den Stand, die Gerechtſame ſeines Fürſtlichen Haußes und Reichsſtändiſche Freiheit mit einem muthigen Heer von zwanzigtauſend Mann zu vertheidigen. Sie be-

wiefen diefe Mut in benen Schlachten bei Wisloch und Wimpfen.
An lezterem Ort würde der Sieg
biefem entfprochen haben, wenn
nicht ein unvermuteter Zufall ihn
Dem schon überwundenen Feind zu-
gefchieden hätte.

Ein Regent; den alle auswärtige Blätter als ein Muster eines
guten Fürften barftellen; Ein Regent, in beßen Herzen nichts als
Liebe zu feinen Untertanen flammt
und beßen Regierungs-Sorgen
allein auf ihre Wohlfart abzwecken; Ein Regent, den die ange-

hohrne Knechtschafft seiner Untertanen rührt, deßen Landesväterli-
ches Herz, sich nicht eher beruhigt,
als bis Er aus Leibeigenen sich
Kinder erschaffen hat; Ein Regent, der Seinen Untertanen jede
druckende Abgabe und damit einen
beträchtlichen Theil Seiner Fürstlichen Einkünfften nachläßt; Ein
Regent, der auf die wärmste und
Jubeltönende Dancksagung der Be-
freiten eine solche Antwort ertheilen kann, die, so lange die Welt
steht, noch nie aus dem Herzen
des besten Fürstens gefloßen, die
auch die fühlloseste und kaltblü-

tigſte, ſelbſt der Ausländer nicht
ohne Ueberzeugung von der flam-
menden Vater-Liebe des Landes-
Herrns gegen ſeine Untertanen,
nicht ohne Freudenthräne, nicht
ohne die wärmſte Verehrung, nicht
von flammender Liebe hingerißen,
augenblicklich vor GOtt hinzu-
kniee, zu ihm Herz und Hände zu
erheben, und um die Erhaltung
eines ſo liebenswürdigſten wahren
Vaters ſeines Volcks innbrünſtig
zu beten und für ein ſo aufferor-
dentliches Geſchenck der göttlichen
Vorſehung im Jubelton zu danken, nicht ohne den feurigen Ent-

schluß, für einen solchen Titus zu leben und zu sterben, lesen kann; Ein Regent, der für alle solche beispiellose Wohlthaten von seinen wonnevollen Unterthanen nichts verlangt, als ein Herz voll kindlicher Liebe, eine Aufführung, die im Grund nur sie selbst glücklich machen kann, die Ablegung der ehemaligen knechtischen Furcht, und ein kindliches Vertrauen, aus der Fülle Seines Herzens in jedem Anliegen Hülfe zu suchen; Ein Regent, der sich im Gefühl der Engelsfreude, ein wahrer Wohlthäter seines Volks zu seyn, belohnt sieht, und nur ſich Untertanen wünſcht, die Seiner Güte würdig ſind; Ein Regent, der ſeinem Durchlauchtigſten Thronfolger das glänzendſte und ruhmvollſte Beiſpiel gibt, allein die Wohlfart und das Glück ſeiner Untertanen zum Entzweck zu haben, ſie als Kinder zu lieben, und dadurch das Band von Liebe und Vertrauen zwiſchen Herrn und Untertan unauflöslich zu knüpfen, wie Euer Hochfürſtliche Durchlaucht gegeben haben; Ein ſolcher Regent findet in denen von Liebe, Treue und Verehrung glühenden Herzen eine ſolche lebendige Bruſtwehr, hinter welcher Er dem mächtigsten Feind trozen kann.

Dies ist", Durchlauchtigster Marggrav, das Bild", das von Ihnen sich in die Herzen Dero Untertanen tief eingeprägt. Da flammt Höchstdero Ruhm in unauslöschlichem Feuer, den alle auswärtige Blätter nicht erreichen, der im heissesten Gebet für Höchstdero langes Leben zum Thron des Ewigen aufsteigt, wo Engel für einen so wohlthätigen Fürsten dem König aller Könige im jauchzenden Lob.

gesang Ehre bringen, und wo er
sich verewigt.

Sollte es zu tadlen seyn, wenn
ich mich unterfange, die Herzen
meiner Mitbürger noch mit dem
Beispiel ihrer Vorväter weiter an-
zufeuern, und ihren Heroismus,
dem wenig andere an die Seite
gesezt werden mögen, der Ver-
geßenheit zu entreißen? Sollte es
zu tadlen seyn, daß ich als ein
biederer Teutscher aus der Geschichte meines Vaterlandes und meiner
Voreltern der Grosthat der Bürger zu Calais eine teutsche Gros-

that entgegen stelle, die jene so
weit übertrifft? Wenn ich vom
Trieb der Eifersucht gedrungen sie
in der Geschichte meines Vaterlands aufgesucht und gefunden?
Wenn ich allen Vätern, die meinen Geschlechts-Nahmen führen,
und die von dem 11 jährigen Sohn
des im Trauerspiel selbst nicht be-
nahmten Burgermeisters, als dem
einzig übergebliebenen Sprößling,
abstammen, Gelegenheit gebe, ihren Kindern, die Tapferkeit, die
Treue und Aufopferung ihres Ur-
ältervaters und seiner Mitbürger
zu erzehlen und meine Mitbür-

ger, ihre Kinder und Enkel
durch dis große Beispiel zur
gleichen Treue gegen das Hochfürstliche Hauß anfeute?

Dieses sind die Beweggründe,
Durchlauchtigster Marggrav,
geliebtester Landes - Vater,
die mich getrieben haben, diese
Geschichte, aller Schwierigkeiten
ungeacht, in einem Trauerspiel
vorzustellen, und eine kurze Geschichte meiner Vaterstadt, die
ich mehrentheils aus Handschriften meiner Voreltern und
mündlichen Erzehlungen der

alten Leute habe, voran zu
schicken, zugleich aber aber
auch mich so kühn gemacht,
Euer Hochfürstlichen Durchleucht
diese geringe Arbeit demütigst zu Füsen
zu legen und zu widmen. Die
reine Absicht läßt mich gnädigste
Nachsicht hoffen, das Glück Höchst
Dero Unterthan zu seyn, versichert
mich und die Meinige,
Euer Hochfürstlichen Durchlaucht
höchsten Schuzes und Gnade.
Ich empfehle hierzu die Meinige
anders nicht, als wenn
sie sich deren würdig gemacht
haben.   In tiefster Vereh-

rung, die nur mit meinem Geist
sterben wird, beharre ich

Euer Hochfürstlichen Durchlaucht,

Pforzheim den 15. Febr.
1785.

untertänig treugehorsamster
Knecht.
Ernst Ludwig Deimling

Namen
der Herren Pränumeranten
nach dem Alphabeth.

Augspurg.

Ex.

Ihro Wohlgebohrnen Herr Morell
J. U. L. Bauherr, Senator und
Scholarch. — — — — 2
Herr Ph. Jacob Wildersinn, Stadt=
Glaßer. — — — 1
— Canditor Winter. — — 1
Für eine dasige Buchhandlung. 50

Bauschlott.

Herr Burgvogt Bauer. — — 1
— Verwalter Rosenfeldt. — — 1
— Pfarrer Lang. — — — 1

Bermaringen im Ulmischen.

Herr N. N. Bollet. — — 1
— — — Vetter. — — 1

Brözingen.

Herr Christian Männle Müller. — 1

)(

Carlsruhe.

Ex.

Ihro Durchlaucht Herr Marggrav
    Wilhelm Ludwig. — — 4
Herr Präsident von Hahn Excellenz. 1
    W. v. E. — — — 1
— Hofrath und Geheimersec. Posselt. 1
— Hofrath Vierordt. — — 1
— Hofrath Griesbach. — — 1
— Polizey-Rath Holz. — — 1
— Kriegs-Commissarius Dürr. — 1
— Rechnungsrath und Zettelverwal-
    walter Dietz, — — 1
— Lieutenänt Wippermann in Stein-
    bach. — — — 1
— Rechnungs Revisor Dachtler. — 1
— Hofbuchbinder, Heinr. Drechsler. 1
— Braun. — — — 1

Durlach.

Frau Special Gerwig. — — 1
Herr Doctor, Professor und Gehei-
    me Secretair Posselt. — — 1
— Raths-Consulent Mezger. — 1
— Goldarbeiter Deimling. — 1

Emmendingen

	Er.
Herr Johann Georg Müller, älterer.	3
— Forstverwalter Dürr.	— 1
— Einnehmer Olnhausen.	— 1
— Oberamtsactuar Müller.	— 1
— Posthalter Kreglinger.	— 1

Stankfurt.

Herr Juwelier Hofmann.	— 1

Freiburg im Breisgau.

Herr Professor Schneider.	— 1

Huchenfeld.

Herr Förster Hecht.	— 1

Geißlingen.

Herr Lazarus Männer, Handlungs-Bedienter.	— 1

Langenbrand.

Herr M. Kurrer, Pfarrer allda.	— 1

Lidolsheim,

Herr Pfarrer Höpfner.	— 1

)(2

Consee im Ulmischen.

Er.

Herr Amtmann Kiderle. — — 1
— Amtsschreiber Kallhard. — 1
— N. N. Ziegler. — — 1

Meisenheim am Glan.

Herr Waisen-Scribent Gehres. — 1

Michelbach.

Herr Pfarrer Deimling. — — 1

Niederweiler.

Herr Michael Sehringer, Müller-
Zunftmeister. — — 1

Münzesheim.

Herr Rath und Amtmann Possel. — 1
— Amts-Actuarius Häußer. — 1
— Köll, Gutsbeständer. — — 1

Nellingen im Ulmischen.

Herr N. N. Keßler. — — 1
— N. N. Haßler. — — — 1

Oppenau.

Herr Landchirurgus Huber. — 1

Pforzheim.

Er.

Honoratiores.

Jhro Hochwürden und Gnaden, Frau
    Abtißinn Baronneffe de Holle.   1
—   Gnaden   Fräulein   Baron-
    neffe von Bauz Stiftsdame. —   1
—   —   von   Seckendorf.
    Stiftsdame.   —   —   1
—   —   von   Wallbronn,
    Stiftsdame.   —   —   1
—   Herr Cammerherr Baron
    Leutrum von Ertingen.   —   2
—   Herr Oberforstmeister von
    Röder.   —   —   2
Herr Hauptmann Gaupp, in Königl.
    Grosbritt. Diensten.   —   —   2
— Kirchenrath und Special Super-
    intendent Posselt.   —   —   1
— Hofrath, Stadt und Land = Phy-
    ficus D. Gysser.   —   —   1
— Rath und Stadtschreiber Klose.   1
— Amtskeller Finner.   —   —   2
— Oberamts Assessor Posselt.   —   1

Pforzheim.

	Er.
Herr Oberamts Assessor Kühlenthal,	1
— Rechnungsrath und Waisenhaus- Verwalter Eisenlohrn. —	1
— Geistl. Verwalter Salzer. —	1
— Forstverwalter Braunstein, —	1
— Einnehmer Schmidt. — —	1
— Pfarrer Höpfners Seel, Fr. Wb.	1
— Pro-Rector Sander, — —	1
— Pfarrer Flach, — —	2
— Pfar. Schumacher, im Waisenhaus.	1
— Pfarrer Erb. — — —	1
— Stifts-Amtmann Heuchelin, —	1
— Benkiser, Bergwerks-Jnnhaber	4
— Factor Böhringer, — —	1
— Factor Haagen, — — —	1
— Präceptor Zandt, — —	1
— Hauptzoller Wohnlich, — —	1
— Controlleur Vierrodt, — —	1
— Präceptor Gehres. — —	1
— Organist Leibfried, — —	1
— Schloß-Kiefer Hofinger. —	1
— Präceptor Leyerlein. — —	1
— Forst-Adjunct Endholz. —	1

Pforzheim.
Rathsglieder.

Ex.

Herr Amtsburgermeister Günzel. — 1

— Adlerwirth und Stipend. Pfleger Geiger. — — 2

— Baumeister Hemberger. — 1

— Stadthauptmann Luz. — 2

— Wilhelm Wildersinn. — — 1

A.

— Aab, Christoph. — — 1

— Aab, Georg Jacob. — — 1

— Aab, Jacob Bernhard. — 1

— Aab, Johann Christoph. — 1

— Aab, Johann Michael. — 1

— Aab, Laubwirth. — — 1

— Aab, Amtskellerei Scribent. — 1

— Autenriebt Stadtmößners Frau
Wittib. — — — 1

B.

— Bäuerle Johannes, Kupferschmidt. 1

— Bauer, Joh. Georg. — — 1

Pforzheim.

	Ex.
Herr Bauer, Joh. Michael. —	1
— Bauritel, Kaufmann. —	1
— Beck, Georg Christoph. —	1
— Beck, Schiffwirth. —	1
— Beck, Georg Ludwig Rößlenwirth.	1
— Beck, Joh. Michael, Handelsmann.	1
— Beck, Wilhelm. —	1
— Becker, Georg Jacob. —	1
— Becker, Jacob. —	1
— Becker, Johannes. —	1
— Becker, Johann Christian. —	1
— Becker, Joh. Georg. —	1
— Becker, Philipp junior Rothgerber.	1
— Bescherer, Joh. Michael. —	1
— Bloß, Christoph Röthgerber. —	1
— Bloß, Jacob Christoph, Glaser.	1
— Breit, Jacob Friedrich. —	1
— Breit, Joh. Ernst. —	1
— Brünnle, Joh. Michael, Weeber	1
— Büttner, Joh. Christian. —	1
— Buch, Joh. Jacob, Schlosser senior. —	1

Pforzheim.

Ex.

Herr Buch, Joh. Jacob, Schlosser
    junior. — — — — 1
— Buck, Blumenwirts, Fr. Wittib. 1
— Buck, Christian Friedrich. — 1
— Byjard Bijoutier. — — 2

C.

— Charens Bijoutier. — — 1
— Christmann Christoph, Handelsmann. 1
— Collmer, Forstver. Scribent. 1
— Collmer, Gottlieb, Schlosser. 1
— Collmer, Stadtprocurator. — 1

D.

— Dalingers, Seelg. Frau Wittib. 1
— Dathan, Dreikönigwirt. — 1
Jgfr. Deimlingin, Catharina Salome. 1
Herr Deimling, Johannes, Grünbaum-
    wirt. — — — — 1
— Deilmann, Georg Adam. — 1
— Dennig, Franz, Kaufmann. — 1

Pforzheim.

Cr.

Herr Deschler, Je emias, Bierwirt. 1

— Dietrich, Michael. — — 1

— Dieterlin, Georg Jacob, Striker. 1

— Dietz, Ph. Bernhard, Handelsmann. 1

— Dittler, Bährenwirt. — — 1

— Dittler, Joh. Peter, Kaufmann. 1

— Dittler, Rothgerber. — — 1

— Dittler, Schwerdtwirt. — — 1

— Dittler, Traubenwirt. — — 1

— Dörr, Ritterwirt. — — 1

— Dreher, Joh. Friedr. Kaufmann. 1

E.

— Eccard, Handlungsbedienter. 1

— Edenberger, Stadtwachtmeister. 1

— Eichelin, Andreas. — — 1

— Eichelin, Christian. — — 1

— Eichelin, Christoph. — — 1

— Eichelin, Georg Jacob. — 1

— Elsäßer, Michael. — — 1

— Enderle, Georg Jacob, Hafner. 1

— Enderle, Gottlieb. — — 1

Pforzheim.

G.

F.

Herr Fahner, Ludwig. — —	1
— Fausel, Joh. Christoph, Metzger.	1
— Faußer, Joh. Georg. — —	1
— Feldner, Michael. — —	1
— Feßele, Lorenz, Zeugmacher. —	1
— Feßele, Zeugmachers Wittib. —	1
— Finck, Adam, Oelmüller. —	1
— Fischer, Buchhalter. — —	3
— Frez, Friedrich, Zuchtmeister.	1
— Friderici, Waisenhaus-Scribent.	1
— Friz, Daniel, Zimmermeister.	1
— Friz, Buchbinder. — —	1
— Fühner, Joh. Adam, Karpfen-	
wirt. — — —	1

G.

— Gahn, Joh. Georg, Schumacherm.	1
— Ganguillett, Buchhalter. —	1
— Gärtling, Ernst Ph. Weisgerber.	1
— Geiger, Jacob, Tuchmacher.	1

Pforzheim.

Ex.

Herr Gehret, Joh. Georg. Waisenhaus-
Provisor. — — — 1
— Gerhardi, Buchbinder. — 1
— Gerwig, August, Schiffer. — 1
— Gerwig, Burckhardt. — 1
— Gerwig, Clostermüller. — 1
— Gerwig, Friedrich, Schiffer. — 1
— Gerwig, Johann Adam, Flözer. 1
— Gerwig, Johann Adam, Tuch-
scheerer. — — — 1
— Gerwig, Johann Friedrich. — 1
— Gerwig, Joh. Georg, Gärtlers
Frau Wittib. — — — 1
— Gerwigin, Anna Maria, Fr. Witb. 1
— Gerwig, Joh. Ludwig. — 1
— Gerwigs, Maurermeisters. Fr. Wb. 1
— Gerwig, Joh. Michael, Schmidt. 1
— Golsch, Joh. Gottfried, Schrei-
nermeister. — — — 1
— Gosger, Uhrenmacher. — 1
— Goßweiler, Eichmüllers, Fr. Wb. 1
— Goßweiler Friedrich, Kaufmann. 1

Pforzheim.

St.

Herr Goßweiler, Heinrich, Rothgerber. 1
— Goßweiler, Johannes. — — 1
— Goßweiler, Rudolph, Eichmüller. 1
— Grav, Jacob Christoph, klein
Uhrenmacher. — — 1
— Grauell, Buchhalter. — — 2
— Grobs, Joh. Bernhard, Zeugmacher. 1
— Günter, Samuel, Kammacher. 1
Frau Günzelin, Kaufmännin, gebohr-
ne Hofmännin. — — 1
Herr Gütinger, Ph. Jacob, Zirkel-
schmiedt. — — 1
— Gutekunst, Bijoutier. — — 1

H.

— Häußler, Joh. Michael, Schu-
machermeister. — — 1
— Häpp, Carl Friedrich, Seckler. 1
— Hafner, Hirschwirtsseel. Fr. Witt. 1
— Hafner, Wilhelm, Metzger. — 1
— Hage, Christoph. — — 1

Pforzheim.

Herr Halbich, Georg Christoph, Schu- Ex.
      macher.   1

— Harcke, Ernst David, Tuchscherer. 1
— Hauser, Leonhard, Schumacher.   1
— Hellers, Zinngiesers Ehefrau.   1
— Heinz, Auckerwirt.   —   1
— Hirzel, Jac. Christian, Maurermeist. 1
— Höffle, Martin, Rosenwirt. —   1
— Hörtmann, Joh. Martin, Schreiner. 1
— Hörter, Martin.   —   —   1
— Hoffmann, Uhrenfabrikant. —   1
— Hoffmann, Joh. Conrad, Bijoutier. 1
— Holzhauer, Joh. Jacob, Färber.   1
— Holzhauer, Friedrich, Schmidt.   1
— Holzinger, Michael, Schumacher. 1
— Holzmann, Gottlieb, Silberarbeiter. 1
— Hüeff, Maximilian, Ochsenwirt.   1
— Huguenin, Uhrmacher.   —   1

J.

— Jaiser, Johannes, Rotgerber.   1
— Jetter, Jacob.   —   —   1
— Jtler, Waisenschulmeister. —   1

Pforzheim.

K.

	Ex.
Herr Kalb, Johannes, Uhrmacher.	1
— Kaz, Jacob Lorenz. —	1
— Kaz, Johannes, Herrschaftl. Seeg, müller. — — —	1
— Käz, Johannes, Kammacher.	1
— Kercher, Christoph, Rothgerber.	1
— Kiehnle, Christoph. — —	1
— Kiehnle, Jacob. — —	1
— Kiehnle, Jacob Friedrich, senior.	1
— Kiehnle, Jacob Friedrich, junior.	1
— Kiehnle, Gebrüdere, Bijoutiers.	1
— Kühnle, Johann Georg. —	1
—. Kienzle, Christoph, Tuchmacher.	1
Frau Burgermeister Kießingin. —	1
Herr Kinckele, Handlungsbedienter.	1
— Kitterer, Johann Leonhard. —	1
— Kleinehly, Joh. Jacob, Tuchmacher.	1
— Knapp, Weeber. — —	1
— Knaus, Joh. Georg. —	1
— Köß, Friedrich, Bierwirth,	1
— Koch, Joh. Christian, Schuhmach.	1

Pforzheim. Ex.

Herr Koch, Georg Heinrich, Sattler.   1

— Krenckel, Jacob, Schmidt. —   1

— Kummer, Lichtenthaler Schafner
     und Kaufmann.   —   1

— Kurz, Tuchmacher.

L.

— Lambrecht, Friedrich, Löwenwirt.   1

— Lambrecht, Johannes, Waldhornw.   1

— Lartique, Bijoutier. —   —   1

— Lauermann, Engelwirt.   —   1

— Lederhoß, Hanß Jerg, Maurermeist.   1

— Leibbrandt, Carl, Creuzwirt.   1

— Leibbrandt, Ernst, Ziegler. —   1

— Leibbrandt, Lorenz Friedrich, Ziegler.   1

— Lemke, Stadtschreibereyscribent.   1

— Leyerlin, Nagelschmidt.   —   1

— Linz, Martin, Mezger.   —   1

— Lustenauer, Seckler.   —   1

— Lutz, Ernst, Mezger.   —   1

— Lutz, Georg Jacob, Mezger.   1

— Lutz, Martin, Mezger.   —   1

— Lutz, Wilhelm, Sailer.   —   1

Pforzheim.

M.

	Ex.
Herr Mayer, Zunftvereinvorsteher.	1
— Mayer, Jacob, der ältere. —	1
— Mauchert, Ernst Tobias, Tuchm.	1
— Meerwein, Georg Friedrich.	1
— Meerwein, Georg Jac., Mezger, sen.	1
— Meerwein, Georg Jac., Mezger, jun.	1
— May, Christoph, Mezger. —	1
— Martin, Christian, Stricker.	1
— Mohr, Christoph, Stahlarbeiter.	1
— Mohrhard, Friedrich, Dreher.	1
— Mühler, Samuel, Schumacher.	1
— Müller, Heinrich, Gehäußmacher.	1
— Mürrle, Jacob Christoph, Seiler.	1
— Mürrle, Joh. Michael, Flözer.	1

N.

	Ex.
— Nestler, Jacob Fried. Schreiner.	1
— Neuhäuser, Jacob Christoph.	1
— Neundörffer, Georg Jac. Schreiner.	1
— Nuding, Johannes Kübler. —	1

)( )(

Pforzheim.

O.

Er.

Herr Oertle, Joh. Jacob, Kupferschm. 1
— Of, Christian, Schneider. — 1

R.

— Rebhuhn, Christoph, Nagelschm. 1
— Reh, Johann Georg. — 1
— Reicho, Jacob Friedrich, Kürschner. 1
— Reinbold, Graveur. — — 1
— Reyhlin, Johann Georg. — 1
— Richter, Jacob, Canditor. — 1
— Riedel, Georg Michael. — 1
— Ringer, Joh. Jacob, Schiffer. 1
— Ringer, Samuel. — — 1
— Rotock, Friedrich, Sailer. — 1
— Roller, Accoucheur. — — 1
— Roller, Jacob, Beckermeister. 1
— Roßer, Ernst Christoph, Feilenhauer. 1
— Rückenbrodt, Johann Daniel. 1

Pforzheim.

S.

Ex.

Herr Salzer, Ernst Victor, Apothecker. 1

— Sattler, Beniamin, Beckermeister. 1

— Sattler, Christian, Beckermeister. 1

— Sattler, Friedrich, desgleichen. 1

— Sattler, Johannes, desgleichen. 1

— Schäfer, Johann Heinrich, Glaßer. 1

— Schäfer, Ulrich, Tuchmacher, 1

— Schall, Gottlieb, Beckenmeister. 1

— Schalck, Andreas, Bijoutier. 1

— Schalck, Joh. Peter Strumpfweb. 1

— Scherle, Jacob Heinrich, Sattler. 1

— Scherle, Philipp, Schmidt. 1

— Schewermañ, Wilhelm, Kaufmañ. 1

— Schmidt, Chirurgus. — — 1

— Schmidt, Ludwig, Bijout. — 1

— Schmolck, Christoph, Seckler. 1

— Schnaufer, Joh. Adam, Schum. 1

— Schneider, Otto, Schiffer. — 1

— Schnell, Joh. Heinr. Wagner. 1

— Schober, Joh. Conrad, Kürschner. 1

X)(2

Pforzheim.

	Ex.
Herr Schober, Joh. Friedr. Nadler.	1
— Schober, Graveur. — —	1
— Schober, Amtskellerey Scribent.	2
— Schönauer, Israel, Hutmacher.	1
— Schönauer, Wilhelm, Hutmacher.	1
— Schöpff, Jacob, Maurermeister.	1
— Schüßler, Joh. Friedr. Sekler.	1
— Schumacher, Jacob, Bijoutier.	1
— Schwarz, Christoph, Beckermeist.	1
— Schweigert, Gärtner. — —	1
— Seemann, Christoph, Beckenmeist.	1
— Siegelin, Jacob, Sattler. —	1
— Siegelin, Joh. Peter desgl. —	1
— Soldner, Nicolaus, Mezger.	1
— Sonntag, Kaufmann. — —	1
— Späth, Joh. Gottl. Seifensieder.	1
— Staib, Georg Jacob, Weissgerber.	1
— Staufer, Carl Ernst. — —	1
— Staufer, Jacob Friedr. Weissg.	1
— Staufer, Johann Georg. —	1
— Steeb, Daniel jüngere, Sattler.	1

Pforzheim.

St.

Herr Steuer, Joh. Burckhard, Herr- 1
 schaftl. Kastenknecht. — 1
— Stieß, Conrad, Beckenmeister. 1
— Strohmieier, Georg Jacob Schu-
 macher. — — — 1
— Stumpfer, Schmidt. — — 1

T

— Trauz, Georg, Schreiner. — 1
— Trauz, Georg Heinrich, Sailer. 1
— Türck, Christoph, Kiefer. — 1

U

— Uebelhör, Johannes, Kandtenw. 1
Jgf. Ulmerinn , Catharina — 1
Herr Ulmer, Heinrich, Gürtler. — 1
— Ungerer, Georg Jacob. — 1
— Ungerer, Jacob, Weingärtner 1
— Ungerer, Johann Christ. Schum. 1
— Ungerer, Johann Christoph. 1

Pforzheim.

Ex.

Herr Unterecker, Jac. Fried. Metzger.   1

— Urban, Weeber.   — — 1

W

— Wägelin, Jac. Dietrich, Musicus.   1

— Wagner, Ferdinand,   Metzger.   1

— Waiblinger, Mattheus, Stickerm.   1

— Weber, Christoph, Färber.   — 1

— Weber, Cronenwirt.   — — 1

— Weber, Christoph, Färber.   — 1

— Weiß, Carl Friedrich, Schmidt.   1

— Weiß, Michael,   — — 1

— Wenz, Schneidermeister.   — 1

— Wewer, Hanß Jerg.   — — 1

— Willaret, Jäger bei Hrn. Ober-   1
    Forstmeister von Röder.   — 1

— Wildersinn, Christoph, Rothgerb.   1

— Wildersinn, Pflugwirt.   — — 1

— Wildersinn, Ph. Ernst, Glaser.   1

— Wippermann, Waißenh. Scrib.   1

— Wißner, Saifensieder.   — — 1

Pforzheim.

Er.

Herr Wittmann, Johannes, Kiefer. 1
— Wöhrle, Christian, Stahlarbeiter. 1

Rastadt.

Herr Buchhalter Deimling. — — 1
— Souhann, Hofapotheker. — 1

Regenspurg.

Herr Kaufmann Diboldt. — — 1
— Carl Dietz, Handlungs Bedient. 1

Rhodt.

Herr Pfarrer Schober. — — 1

Stein.

Herr Amtmann Bärck. — — 1
— Pfarrer Gaupp. — — 1
— Einnehmer Dietz. — — 1
— Scribent Barthold. — — 1

Ulm.

Herrn Rechnungsregistrator Klett.	I
— Steuerschreiber Mündler. —	I
— Sammlung=Hofmeister Rößler.	I
— Unterbleicher Kiderlen. —	I
— Ziegelpachter Zeißer. — —	I

Vorstetten.

Ex.

Herr Pfarrer Dietz. — — I

Weiler.

Herr Actuarius Goßweiler. — — I

Wildbaad.

Herr Spießwirt Kurz. — — I

Vorbericht

Vorbericht.

Da ich diese für das Hochfürſtlich
Marggräflich Baden - Durlachiſche
Hauß und die Stadt Pforzheim ſo in-
tereßante, als traurige Geſchichte dra-
matiſch zu bearbeiten mir vorgenom-
men, um dem franzöſiſchen Drama:
die Belagerung von Calais
ein teutſches entgegen zu ſezen, ſo ſehe
ich die Nothwendigkeit ein, ehe ich etwas von der Bearbeitung ſelbſt ſage,
eine kurze Geſchichte von dieſer meiner
Vaterſtadt voran zu ſchicken. Ich hoffe,
daß ſie ſo übel nicht werde aufgenom-
men werden, da Sachen vorkommen

die sowohl dem vaterländischen Ge-
schichtskundigen, als dem mehresten
Theil meiner lieben Mitbürger vielleicht
bis jezt unbekannt geblieben, die ich
theils von ganz alten Leuten, die die
traurige Folgen der verheerendsten Kriege, theils selbst erlebt, theils von ihren Voreltern erzehlen gehört, noch als
ein aufmerksamer Knabe erfahren,
theils aus den Handschriften meiner
Voreltern genommen; aber eben deswegen bekannter zu machen, für nüzlich befunden, als diese Handschriften
entweder dem morschen Zahn der Zeit
endlich nicht länger widerstehen können, oder in den Händen der Nach-
kommenschafft als ohnnüze Schrifften
angesehen und gar vernichtet werden
möchten.

Crusius in seiner schwäbischen Chronick und einige andere, machen Pforzheim zu einer sehr alten Stadt, und
wenn es wahr wäre, daß ein Troja-
ner, Nahmens Phorcis, der sich von

denen Heneter, die, nach der Zerstö-
rung Troja, Venedig am Adriatischen
Meerbusen erbaut, entweder aus Zufall, oder Misverständniß getrennt,
und lieber in Teutschland als am Meer
seine neue Wohnung aufschlagen wollte, sie erbaut, dem die Teutsche die Gegend angewiesen hätten, da die Enz,
Nagold und Würm zusammen fließen,
und er dagegen versprochen habe, ihnen mit seinen Leuten in ihren Kriegen beizustehen, so wäre Pforzheim
älter als Rom selbst. Crusius will
dieses auch damit bestätigen, weil in
den alten Urkunden die Stadt immer
Civitas Phorcensis auch in ihren Si-
gillen genennt werde. Andere leiten
den Nahmen von porta hercinii,
dem Schlüßel des Schwarzwaldes
her, und die Lage von Pforzheim
stimmt damit völlig ein. Daß man
aber von Phorcis Heimat Pforzheim
ehe als aus Porta Hercinii herleiten
könne, da die leztere Benennung blos

* 2.

römisch wäre, wird jedermann begreifen. Ich würde mich einer Vorliebe zu meiner Vaterstadt schuldig machen, wenn ich dieser schlechterdings ein so grofes Alter, wie Crusius, beilegen wollte. Doch kann ich mich auch nicht enthalten, das Seichte der Einwendung gegen diese Meinung zu zeigen:

Wir wißen von Teutschland lediglich nichts, als was uns Julius Cäsar in seinem Commentario de bello gallico hinterlaßen. Tacitus gibt uns in seinem Buch de moribus germanorum schon ein größres Licht von dieser unbezwungenen Nation. Daß unter den Cimeriern, die Cajus Marius schlug, Teutsche waren, hat noch niemand bezweifelt. Tacitus sagt in vorbemerktem Tractat, die Teutschen hätten keine Städte und zögen sich beim Ueberfall eines mächtigen Feindes in ihre undurchdringliche Wälder zurück, da man ihnen nichts anhaben könne,

und dennoch nennt er mehrere Städte
in Teutschland, die wie z. B. Trier
lange vor Cäsars Zeiten müssen gestanden haben, von dem man behaupten
will, sie seie älter als Rom. Es ist
also gewiß, daß die alte Teutsche auch
Städte gehabt; von denen man aber
nur aus römischen Geschichten, wie
von der Nation selbst Nachricht hat.
Demnach ist es so unmöglich nicht,
daß ein Pforzheim gestanden, ehe die
Römer nach Teutschland kamen. Wenigstens ist der sogenannte Wartthurm,
auf dem Wartberg ein römisches Gebäude, die von ihnen specula genennt
wurde, und also die Stadt schon bei
ihrer Ankunft gestanden haben muß.
Man kann ferner einwenden, wenn
Pforzheim eine so alte Stadt wäre,
so würde sie noch ältere Gebäude und
Denkmäler aufzuweissen haben. Wer
aber die Geschichte der Völker weißt,
ist überzeugt, daß die alten Teutschen
sehr schlecht gewohnt haben, indem sie
einander selbst immer in den Haaren

gelegen. Sie begnügten sich mit gerin-
gen Hütten, um sie ohne großen Verlust preiß geben zu können, und wer
da weiß,   daß Ulm im eilften Jahr-
hundert noch ein Dorf genennt wurde,
wird gewiß aufhören, in Teutschland
alte Denkmäler zum Beweiß des Al-
tertums zu fordern, zumal von einer
Stadt, deßen Einwohnerschaft verbunden war, bei jedem Aufbott in Krieg
zu ziehen.   Da sich aber von beiden
Meinungen nichts gründliches sagen
läßt, so behaupte ich nur, daß Pforzheim eine sehr alte Stadt seie, die
nachmals unter die Schwäbische Herzoge gekommen, in der viele Ritter
und Edle gewohnt, und unter dem
Herzogtum ansehnliche Freiheiten ge-
noßen, dagegen aber sehr beschwerliche
Kriegsdienste thun müssen.

Aler Einung, Verträge und Gerich-
te zu erwähnen, die zu Pforzheim in
Landesherrlichen und Lehnssachen er-
richtet, gemacht und gehalten worden,

ist hier der Plaz nicht und ich verweiße
meine Leßer dißfalls auf des Crusii
schwäbische Chronick. Ich eile vielmehr
zum Zeitpunct, da Pforzheim an die
Marggrafschaft Baden kam. Es war
Anno 1268. da der mutige und schlecht
unterstüzte Herzog Conradin von Ho-
henstaufen, rechtmäßiger Erbe der Königreiche Neapel und Sicilien mit dem
auch rechtmäßigen Erbe von Oesterreich, Herzog Friedrich, leiblichen
Sohn, Marggrav Herrmanns des
sechsten von Baden, zu Neapel grausamer weiße enthauptet wurde. Die
Creuzfahrten, insonderheit die damalige mit der Kaiserlichen Würde verbun-
dene Unruhen, die dem Hohenstauf-
schen Hauße durchaus abgeneigte Päbste, meistentheils aber die kostbare
Kriegszüge naher Italien und Erhaltung der Königreiche Neapel und Sicilien nöthigten dieses vortrefliche Für-
stenhauß sich tief in Schulden zu ste-
cken und viele Städte und Dörfer zu
verpfänden, und so fiel Pforzheim

nach dem traurigen Tod des 19.
jährigen Conradins als ein Pfand-
schafts-Ort mit desto gröserem Recht
an die Marggrafschaft Baden, als andere benachbarte auch ohne dargetha-
nes Recht zugriesen und die ansehnliche Herrschaften dieses mächtigen Fürstlichen Haußes zersplitterten. Marggraf Rudolph war es, der diese Er-
werbung und Zuwachs seiner Staaten
machte und der Stadt ihre Freiheiten
bestättigte.

In damaligen Zeiten, da das alles
zerstöhrende Pulver noch nicht erfunden
war, war Pforzheim ein sehr wichti-
ger und haltbarer Ort und für eine
Festung gehalten, indem es unten die
Enz umfließt, an den Anhöhen aber
mit tiefen und breiten Gräben, Mauren und starken Thürmen beschüzt war,
wie dann die Stadt selbst ein trefliches
Amphitheater vorstellt. Im Schloß
stunde ein sehr alter, hoher und mit
Quadersteinen erbauter viereckigter

Thurm, worauf man vor Zeiten jedem
Anfall trozen konnte. Ganz oben war
er mit einer Wohnung bedeckt, das
für einen Hohwächter diente, aber einst
von einem Wetterstrahl weggebrannt
wurde. Die hervorstehende schöne Quadersteine reizten vor 16 Jahren den damaligen Castellan zu einem Bericht,
daß man zu dem vorhabenden neuen
Speicher-Bau Quadersteine genug erhalten könnte, wenn man diesen Thurm
abbrechen dürfte. Die Erlaubniß hierzu kam bald, man fieng an den Thurm
abzureißen, fand aber, daß die stark
scheinende Mauren inwendig mit Schutt
und Kalck ausgefüllt waren, und sich
in der Hoffnung betrogen. Indessen
verlohr Pforzheim dadurch würklich
ein ansehnliches Stück seiner Merkwür-
digkeiten, das selbst die Wuth der Sein-
de unzerstört gelassen.

Da, wo jetzt die Stadt-Kirche steht,
hatte der Prediger-Orden ein Capitel
und Kloster, in welches Capitel ein

Kloster in Bern und ein anders in Regenspurg gehörte. Als Knabe spielte ich noch in denen nach dem Brand stehen gebliebenen Creuzgängen, die aber A. 1754. eingerissen wurden, um einen Garten daraus zu machen. Ich bedauerte hiebey die viele schöne Grabsteine und Monumente, die sowohl in der Heraldik als Adelsgeschichte vielen Aufschluß geben könnten.

Noch sieht man die Trümmer von den Wohnungen der Stiftsherren zu St. Michael, in der sogenannten Schulgaße und besser oben die aus Quadersteinen maßiv gebaute Kirche zu St. Michael, die nun Schloß-Kirche genannt wird, wo verschiedene Marggraven und anders Fürstliche Personen aufs künstlichste in Stein ausgehauen zu sehen und von der damaligen Bildhauerarbeit einen sehr günstigen Beweiß ablegen, wo auch die Fürstliche Gruft ist. Sie verwahrt noch viele Denkmale und Grabschriften von adelichen Familien und sonst berühmter Leute. Die älteste ist von 1341.

Die Barfüßer Mönche hatten eine prächtige Kirche und Kloster, da, wo jetzt die reformirte Kirche ist, die blos aus dem Chor zu einer schönen und geraumigen Kirche umgeschaffen worden, der vormals nach der Art des Münsterthurms in Strasburg im kleinen erbaute schöne Thurm auf dieser Kirche, den keine Zeit zerstört hätte und einen dergleichen wieder aufzubauen heut zu Tag schwehr und zu kostbar wäre, wurde aus blöder Furcht, er möchte einst auf die Häuser in der Brözingergaß oder in den Oberamtsgarten fallen, weil er aus Kunst etwas schief gebaut war, mit mehrern Kosten abgetragen als seine Unterhaltung gekostet hätte und damit die Stadt einer der gröstten Zierde beraubt, endlich wurden auch die noch gestandne Gibel und Mauren eingeworfen und damit sehr viel Grabsteine bedeckt, de-

ren Denkmale denen Lebenden nun
vielleicht auf ewig entzogen worden,
und das geweßene Schiff in einen Garten verwandelt. Wenn einst in Pforzheim Mangel an Mauersteinen erscheinen sollte, so kann man sie, wie sie
aufgemauert stunden, 10 Schuh tief
mit der Zeit da vorfinden und einen
reichern Steinschatz erwarten, als von
dem im Schloß abgetragenen Thurm.

Da wo jezt das Waisenhaus steht,
war ein Frauenkloster, das wegen der
Ueppigkeit seiner Bewohnerinnen noch
vor der Reformation aufgehoben werden mußte, von diesem hat die daran
stoßende Nonnenmühle den Nahmen.

Aus dem vormals schönen Spital
zum heiligen Geist in der Vorstadt ist
nach der Zerstöhrung ein Armenhauß
gemacht worden, das an die kleine Kirche stoßende Gut wurde von zerschiede-
nen Familien um ihr Geld zum Fa-
milienbegräbnis erkauft und von diesen

Auch das Kirchlein erbaut. Ein Fremder kann dahin begraben werden, wenn er einen Gulden zum Allmosen bezahlt, dessen Pfleger das Kirchlein besorgt, welches freylich in præjudicium tertii geschieht.

Noch sieht man hier zerschiedene Ueberbleibsel von adelichen Häusern, deren vor Zeiten viele hier gewesen sind, welche die viele Ritter und Edle, als Lehenleute vom Fürstlichen Hause bewohnt haben, wie dieses hin und wieder die Badische Geschichte und die übergebliebene Grabsteine beweisen. Es fehlte also hier gar nicht an Häusern, da die versammelte Fürsten haben bequem wohnen können, als sie hier den Gegenkaiser Rudolph wählten, wie dann die Fürsten zu damaligen Zeiten lange nicht mit so vielem Pomp und Leuten auf denen Reichstägen erschienen, als sie nun auf Kaiserwahlen erscheinen. Immer bleibt es Irrthum, wenn die Geschichtschreiber sagen, Rudolph

seye zu Forchheim im Fränkischen ge=
wählt worden, das sicher hier in Pforz=
heim geschehen. Herzog Berchtold von
Zähringen ließ diese Wahl durch seinen
General Hugo bedecken, der sein La=
ger da aufschlug, wo jetzt das Dorf
Huchenfeld steht, von dem es seinen
Namen hat und jene Meinung sattsam
widerlegt. Und noch hier empfieng
dieser Gegenkaiser die berühmte vom
Pabst gesandte Krone, ob er schon
nachher in Mainz gekrönt wurde, auf
der der bekannte Vers stunde:

Petra dedit Petro; Petrus diadema Ru-
dolpho.

Crusius behauptet diese Wahrheit mit
überzeugenden Gründen.

Ich eile nun zu den Heroischen aber
unglücklichen Perioden dieser Stadt:
So wie die Pforzheimer Bürger schul=
dig waren, Kriegsdienste zu thun, so
ist es auch gewiß, daß sie mit denen

Hohenstaufischen Kaisern die Italienische
Heer- und Creuzzüge mitmachen mußten, davon immer wenige wieder nach
Hauß kamen; und darinn muß man
auch die Ursache suchen, warum die
Burgerschäft sich nie stark vermehren
konnte. Als Conradin nach Italien
zog, um seine Erbkönigreiche zu ero-
bern, ward Pforzheim schon an das
Marggräfliche Haus Baaden verpfän-
det, und es ist zu zweifeln ob, Marggrav Herrmann der sechste, seinem Prinz
Friedrich zu Gunsten, gestattet habe,
daß die Bürger diesen Feldzug mitmachen. Hingegen waren sie mit dabei,
als Marggrav Carl der erste den unglücklichen Einfall in die Pfalz that
und bei Seckenheim gefangen wurde.
Für ihre Befreiung mußten diese Bürger dem Churfürsten das Oefnungsrecht
des Altenstädter Thors bewilligen. Sie
zogen mit Marggrav Christoph in die
Niederlande, als dieser dem römischen
König Maximilian die rebellische Nie-
derländer zum Gehorsam bringen half.

In denen folgenden Zeiten, da der
Reichsfrieden immer mehr gehand-
habt wurde, hatte diese Einwohnerschaft es ruhiger, bis der tapfere aber
unglückliche Marggrav Georg Friedrich
genöthigt war, die Gerechtsame seines
Fürstlichen Hauses zu beschützen, sich mit
mehreren Reichsständen zu vereinigen
und dem unglücklichen Friedrich, Churfürst in der Pfalz, als seinem Alliirten
beizustehen.

Da der Ursprung des dreisigjährigen
Kriegs, der ganz Teutschland verheerte,
von so vielen Geschichtschreibern beschrie-
ben ist, so begnüge ich mich anzuführen,
daß, als der von den Böhmen zu ihrem Könige erwählte Churfürst Friedrich der 5te in der Pfalz von den Kaiserlichen auf dem weißen Berge bei Prag
geschlagen worden, so wohl die Oester-
reicher als die Spanier aus den Niederlanden in die Pfalz ruckten, die sie
einnahmen und grausam verheerten.
Schon

Schon Carl der 5te würde den Plan
der Alleinherrschaft in Teutschland durch
seine Uebermacht durch gesezt haben,
wenn ihm Italien, Frankreich und die
damalige türkische Uebermacht nicht so
viel zu thun gemacht hätten, daß er
diesen Plan endlich aufgab, und erkannte, wie die ehrsüchtige Projecte nichts
zur Glückseeligkeit des menschlichen Lebens beitragen, wohl aber stöhren;
weswegen er auch nicht nur die Kaiser-
crone sondern auch den Spanischen Zepter noch in seinem Leben niederlegte,
und in einem Closter in Speinen fast wie
ein Mönch starb. So friedfertig auch
dessen Nachfolger in der höchsten Reichs-
würde mögen gedacht haben, so unerträglich war es der römischen Curie,
sich der Einkünften aus so vielen beträchtlichen Staaten Teutschlands, die die
Reformation angenommen, beraubt zu
sehen. Diese ließ nun aus allen Kräften bei allen Catholischen Höfen durch
ihre Emissarien daran arbeiten, daß

**

die protestantische Reichsstände bei allen Gelegenheiten gedruckt wurden,
der Haß gegen diese in Flamme gerathe, und bei guter Gelegenheit diese Religion wieder ganz vertilgt werde. Es ist hier der Plaz nicht, alle
diese Machinationen herzuerzehlen. Die
protestantische Fürsten sahen die ent-
sezliche Bedruckung der Protestanten
in denen Niederlanden und Frankreich,
und die Bluthochzeit zu Paris bestättigte nur zu viel, wie viel diese Emis-
särien an jenen Höfen vermochten, indem sie die ewige Glückseligkeit denen
verhiesen, die die Ströhme mit Menschenblut rötheten. Durch diese traurige Begebenheit aufgeschreckt, machten einige protestantische Fürsten unter sich
eine Vereinigung, die Reichsständische-
und Religionsfreiheit, die Ihnen im
Passauischen Vertrag zugesichert war,
aus allen Kräften zu vertheidigen.
Von dieser Union war Churfürst Friedrich das Haupt. Das Mistrauen
zwischen den beeden Religionsverwand-

ten nahm inzwischen auch unterm Volck
zu, und Mistrauen war immer der Zun-
der von Befehdungen. Man nannte
daher den dreysigjährigen Krieg immer
den Religionskrieg, obschon er seinen
Anfang wegen der Böhmischen Wahl
genommen. Viele Geschichtschreiber be-
schuldigen dem ungeachtet, den Kaiser
Ferdinand den zweyten, gleich beym
Anfang dieses Kriegs vorgehabt zu
haben, die protestantische Religion
ganz zu vertilgen, andere aber vernei-
nen dieses. Ich meines Orts glaube,
daß nur die unglaubliche Progressen
der Kaiserlichen Waffen in Teutschland,
und hierauf die Hierarchische Verhezun-
gen den Kaiser Ferdinand zu dem
schrecklichen Restitutionsedikt verleitet,
das ohne Umsturz aller Protestantischen Reichsstände nicht in Vollzug
hätte gebracht werden können; dieses
erweckte erst die andere Reichsfürsten,
die dem Krieg vorher ruhig zusahen,
aus ihrem politischen Schlaf.

* * 2

Marggraf Georg Friedrich von Baaden-Durlach sah als ein kluger und feuriger Herr die Gefahr früher ein. Hierzu kam, daß alle seine Gerechtsame ihm unter denen Kaisern Rudolph dem 2ten, Matthias und Ferdinand dem 2ten vom Reichshofrath sehr erschwert und oft gar abgesprochen wurden. Er hatte die gegründeste Ursachen, sich gegen die familienvertragswidrige Aufführung Eduard Fortunats, Marggraven zu Baden-Baden bey dem Reichshofrath zu beschwehren, da 1.) Lezterer auf den Badischen Antheil ohne Bewilligung des Durlachischen Hauses so viele Schulden gemacht, daß die Einkünfte kaum zu Entrichtung der Zinße hinreichten; 2.) Unter Begünstigung des Kayserl. Hofs sogar vorhatte, diese gegen alle Haußverträge und Testamentliche Verordnungen, an den Graven Fugger von Augspurg zu verkaufen; 3.) Deßwegen Marggrav Ernst Friedrich schon nöthigte ihn aus dem verschuldeten Land

zu vertreiben, es dagegen in Besitz zu
nehmen, zu administriren, und 4.)
mit Beystimmung sämtlich seiner
Alliirten Eduard Fortunats Prinzen,
von der Fräulein von Eicken gebohren,
vermög denen von mehrern Kaisern
bestättigten Hausverträgen als erbun-
fähig zu erklären; von dem allem Herr
Kirchenrath Sachs in der Badischen
Geschichte nebst mehrern Geschichtschreibern weitläuftiger gehandelt hat.

Georg Friedrich, dieser seinen Versprechungen und Bündnissen getreue
Fürst, der bey damaligen Umständen,
hätte er die ihm angetragene Neutralität angenommen und nicht die weit
umfaßende Plane der Spanisch-Oe-
sterreichischen Häußer im wahren Ge-
sichtspunkt gesehen, die unter Carl
dem 1sten verlohrene Aemter Heidelsheim
und Eppingen leicht wieder hätte an
sein Fürstl. Hauß bringen können, sahe mehr auf die allgemeine Sicherheit
als auf sein eigenes Interesse. Von

seiner Residenz aus konnte er am nächtlichen Himmel bald da bald dort Pfäl-
zische Städte und Dörfer in Flammen
auflodern sehen. Es that ihm wehe,
die Länder des Haupts von der Union
der Grausamkeit der Spanier überlassen und den Churfürsten von allen
Uniirten hintangesetzt zu sehen. Graf
Ernst Otto von Mannsfeld war der
Einzige, der mit einem kleinen Heer
die Kaiserlich-Spanische Krieger aufmerksam erhielte, denen er im Elsaß
verschiedne Diversionen machte. Selbst
des Churfürsten Schwiegervater König Jacob der erste in Engelland unterstüzte seinen Schwieger-Sohn mit
nichts, als ein wenig Geld. Der
Marggrav nahm also Landsknechte an
und als er hörte, daß der Erzherzog
Leopold mit einem frischen Heer durch
den Schwarzwald in das Elsaß drin-
gen und dem Graven von Mannsfeld
das Handwerck niederlegen wollte,
besezte er die Pässe so meisterhaft, daß
diesem ohnmöglich war, durchzukom-

men. Leopold nahm also seine Zuflucht zu Tractaten, und der Marggrav, der leeren Versprechungen trau-
te, öffnete ihm die Päße.

Dieser gethane Schritt machte die
Unirte noch unschlüßiger und zaghafter;
daher entschloß sich der Marggraf,
um diesen Fehler wieder gut zu
machen, eine Armee von 30 tausend
Mann zu errichten; sich mit einer zu
selbiger Zeit nie gesehenen prächti-
gen Artillerie und allem Zugehörde zu
versehen. Zuvorderst brauchte Er die
Vorsicht, seinem Prinzen, Friedrich
dem Fünften, die Regierung und Land
und Leute abzutreten, und dieses
vom Kaiser und Reich bestätigen zu
lassen, damit unglücklichen falls weder sein Prinz noch die durlachische
Länder feindlich behandelt werden möchten und betrat also blos als General
der Union mit seinem Heer die Kriegs-
bühne. Seine erste Sorge gieng dahin, sich mit dem Graven von Manns-

feld zu vereinigen und der bedrängten
Pfalz Luft zu schaffen. Zu diesem
Feldzug entbot er 400 Pforzheimer
Bürger, als seine gewöhnliche Leibwa-
che, wenn Er ins Feld zog.

Ich habe schon oben bemerkt, wie aufmerksam auch das Volk auf den Lauf des
Kriegs war, von dem es im Wahn
stand, daß er blos zur Vertilgung der
protestantischen Religion abzwecke.
Die Pforzheimer Bürger hatten nicht
lange vorher ihren Eifer für ihre Religion bei einer andern Gelegenheit bewiesen.
Diese an Kriegsdienste gewohnte, mar-
schirten, von der gerechten Sache ihres
geliebten Marggravens überzeugt mit
Mut und Freudigkeit, und mit beständ-
digem Losungs - Wort: Siegen oder
sterben, von Pforzheim in das bei Durlach errichtete schöne Lager. Graf
Ernst von Mannsfeld war dem General Tilly nicht so gewachsen, daß dieser nicht noch den Meister in der Pfalz
spielen sollte; der heldenmüthige Marg-

grav eilte also mit seiner schönen Armee,
sich mit jenem so bald möglich zu vereinigen. Es geschah ohne Schwürigkeit, und dies vereinigte Heer zauderte
nicht, den bei Wisloch gut postirten
Tilly anzugreiffen und zu schlagen,
wobei die Pforzheimer Bürger vieles
zum Sieg beitrugen. General Tilly
zog sich in die Gegend Wimpfen zurück, Graf von Mannsfeld unternahm
die Belagerung von Ladenburg und
unser Marggrav, in der Hofnung, Tilly
noch einmal zu schlagen, lagerte sich
nicht weit vom feindlichen Lager.

Einen Tag vor der Schlacht wurde
der Marggrav durch 1500 Franken unter der Anführung des Prinz Magnus
von Würtemberg verstärkt. Es war
den 6. May 1622. an einem ausseror-
dentlichen schwülen Tag, da sich beede
Heere von früh Morgens bis Abends
um 8 Uhr schlugen. Immer blieb
der Vorteil auf des Marggravens Seite, ungeacht Tilly eine zimliche Ver-

ſtärkung erhalten, bis endlich die Pulver - Wägen durch einen unbekannten
Zufall in die Luft flogen und eine
entſezliche Verwirrung bey dem Marg-
gräulichen Heere und endlich gar die
Flucht des linken Flügels veranlaßte.
Der dadurch betroffene aber nicht mut-
los gemachte Marggrav gab ſich nebſt
denen jungen Prinzen von Sachſen-
Weimar, Wilhelm und Bernhard, die
unterm Marggraven das Kriegs-Hand-
werk zu lernen, worinnen ſich der leztere nachmals in dem nehmlichen Krieg
ſo berühmt gemacht, ihren erſten Feldzug thaten, alle nur erſinnliche - aber
vergebliche Mühe, die in Unordnung
und Flucht geratene Regimenter wieder in Ordnung zu bringen. Endlich
gab der Marggrav der Bitte ſeiner Generäle und des Pforzheimer Burgermeiſters
nach, und dachte auf ſeine Sicherheit, kam
auch glücklich und mit blutigem Degen
bei dem Graven Otto von Mannsfeld vor
Ladenburg an, wohin ſich auch der größte Theil ſeines Heers flüchtete.

Die verzögerte Flucht des Marggra=
vens veranlaßte die Pforzheimer Bür=
ger zu dem heldenmüthigen Entschluß,
um diese zu sichern, sich bis auf den
lezten Mann zu wehren. Sie blieben
demnach zulezt allein auf dem Schlacht=
feld, stellten sich hinter eine Wagen=
burg und thaten von da aus dem
Feind so lange Widerstand und Ab=
bruch, so lange sie noch Patronen hat=
ten, da endlich diese ermangelten, so
thaten sie mit dem Säbel in der Faust
einen verzweifelten Ausfall und trie=
ben das sehr zusammen geschmolzene
feindliche Regiment mehrmal zurück,
während andere das eroberte Lager
plünderten. General Tilly erstaunte
über den hartnäckigen Widerstand
der Pforzheimer Bürger, und bot ihnen
zum zweitenmal Gnade an. Diese
sahen schon mehr als die Hälfte ihrer
Mitbürger gestreckt und besorgten, ei=
ne allzu frühe Uebergabe möchte ih=
ren geliebten Marggraven noch in die
Gefahr der Gefangenschaft bringen,

in diesem Betracht, worzu noch ihre eidliche Gelobung: Siegen oder sterben, desgleichen eine heroische Misgunst der Ehre ihrer im Blut liegenden Mitbürger und die Schande der Gefangenschaft kamen, verachteten sie die vom Tilly angebottene Gnade, und entschlosen sich, dem Feind den Sieg kostbar zu machen, den Tod ihrer Mitbürger zu rächen, ihr eigen Leben theuer zu verkaufen und die Ehre, für ihren geliebten Fürsten sich aufgeopfert zu haben, ihren im Blut liegenden Mitbürgern nicht allein zu laßen. Sie wehrten sich auch so lange, bis sie endlich umringt wurden und alle auf dem Plaz blieben. Nur die Lacedämonier auf den Thermopylen können diesen Männern an die Seite gesezt werden. Sie waren eben so der allgemeinen Trauer in Pforzheim und ihres Vaterlands würdig, als ihres verdienten Ruhms.

Der Heldentod dieser Männer wurde zu Pforzheim bald bekannt. Das Klag-Geschrei der Weiber und Kinder erfüllte die Stadt. Selbst Rom könnte keine traurigere Scene dargestellt haben, als die Gallier bei Allia über Roms leztes Heer den blutigen Sieg erfochten und es die Nachricht von der schrecklichen Niederlage bei Canna erschütterte. Witwen und Waisen irrten in der Stadt umher, und erflehten Trost und Hülfe bei dem Ueberrest der Bürger. Bedauren, Mitleid und Thränen waren alles, was man gewähren konnte. Eine jede Familie hatte einen Sohn, Freund, Bruder oder Vater zu beklagen. Die Erwartung eines aufgebrachten Feinds vor der Stadt ließ hier dem Mitleid keinen weitern Raum. Alle Ideen beschäftigten sich mit der grausamen Rache des General Tilly, die er wegen dem Verlust seiner Soldaten an denen übrigen Pforzheimer nehmen möchte. Aber Tilly wußte die Tapferkeit zu schäzen,

und hielte, da er würklich bald nach
der Schlacht nach Pforzheim kam, die
Burgerschaft wieder alles Vermuten leidentlich, und gestattete weder Brand,
noch Plünderung.   Da er vernahm,
daß Graf von Mannsfeld gegen ihn
anrücke, so warf er zu mehrerer Bes
festigung der Stadt einen breiten tiefen Graben vor der Brözinger Vorstadt
auf, der von ihm noch der Tilly-Gra-
ben genennt wird und eine Schanze
auf dem Berge zwischen den Eusinger
und Ispringer Wegen, daher man noch
auf den heutigen Tag die dortige Aecker
Schanz-Aecker nennt.

Da die Pfalz verheert war, Würtemberg die Neutralität ergriffen, der
Badische Antheil Eduard Fortunats
Prinzen wieder eingeraumt worden,
der Durlachische aber mit Pfalz glei-
ches Schicksal zu erwarten hatte, so be-
gab sich Marggrav Friedrich der 5te an
den Würtembergischen Hof nach
Stuttgardt in Sicherheit und Margs

grav Georg Friedrich, deßen Herr Vater, gar nach Genf. Bei solcher traurigen Lage des Lands konnte die große
Lücke in der Pforzheimer Burgerschaft
nicht so leicht wieder ersezt werden.
Die gute Stadt hatte noch härtere
Schicksale zu erwarten. Der General
Tilly bekam das Commando in Nie-
der-Sachsen und die Ligistische Völker behandelten die Marggräfliche Lande barbarisch, und übertrafen die Spanier in der Pfalz noch an Grausamkeit. Die evangelische Prediger wurden verjagt, welche die Bürger mit
Thränen begleiteten und nach ihrem Vermögen mit Reißgeld beschenkten, der catholische Gottesdienst wieder in allen Kirchen und die Mönche in die Clöster eingeführt. Die Pforzheimer mußten ihre
neugebohrne Kinder heimlich ins Wür-
tembergische zur Taufe bringen, und
nachdem dieses entdeckt und ihnen hierzu alle Mittel abgeschnitten wurden, so
legten sie die Kinder nachher in Kör-
be, deckten diese oben mit Dung, als

wenn sie diesen auf ihre Güter tragen wollten, und brachten also diese Kinder nach Birckenfeld zur Taufe. Noch hab' ich selbst von ganz alten Leuten erzehlen hören, daß sie auf diese Art seien zur Taufe gebracht worden.

Im Jahr 1624. vertheidigte sich die Burgerschaft gegen die Ligistische Völcker einen Tag, worauf sie aber unnennbare Grausamkeiten von diesen ausstehen mußten und so wurde diese gute Stadt bald von diesen bald von den Schweden besetzt, die eben auch nicht die beste Mannezucht hielten, wovon nachfolgende alte Verse zeugen, die die Alten ihre Kinder gelehrt und mir noch im Gedächtnis geblieben:

Der Schwed ist kommen,
Mit Pfeiffen und Trommen,
Hat alles wegg'nommen,
Hat Fenster nausg'schlagen,
Das Bley raus graben,
Hat Kugeln draus gossen,
Und Bauern erschossen.

Nach

Nach der Nördlinger Schlacht, wurde das Land von denen Ligisten völlig verheert. Sie nahmen Pforzheim abermal ein und stießen schon im Einmarsch viele Bürger nieder, da dann die Mönche wieder den Meister in der Stadt spielten und der Commandant die Brözinger Vorstadt ohne Noth abbrennen ließ. Im Jahr 1631. kam die große Theurung darzu, wovon des Herrn Kirchenrats Sachs Badische Geschichte nachgelesen zu werden verdient.

Unter allen diesen Drangsalen blieben die Pforzheimer Bürger ihrer Religion und ihrem Fürsten getreu. Die reizendsten Versprechungen konnten sie nicht abwendig machen; nie ließen sie den Feind in die Stadt, ohne sich vertheidigt zu haben und die heftigste Verfolgung erinnerte sie an die schöne That, die ihre Mitbürger und Verwandte in der Schlacht bey Wimpfen verewigte.

* **

Selbst nach geschlossenem Frieden zu
Münster gieng es in Pforzheim so ruhig nicht zu. Die Rezesse und Reali-
sation des Westphälischen Friedens stellte noch immer eine Art von Kriegs-
bühne vor. Es gab Exekutionen und
Einquartirung, und als Ludwig der
Vierzehnte die vereinigte Niederlande
bekriegte, woran Kaiser und Reich endlich auch Theil nahmen, giengen die
Unruhen von neuem an.

Noch hatte sich die Burgerschaft so
wenig als ihr Landesherr erholt, als
Frankreich einen neuen Krieg wegen
der Orleanischen Erbschaft an dem
Pfalz = Sulzbachischen Hauß erregte.
Niemals hat Frankreich einen Krieg
mit mehrerer Verbitterung und Lan-
desverheerung geführt als diesen, indem die alten Familien der Pforzheimer Burgerschaft beynahe gar vertilgt
wurden. Die Franzosen legten außer
der Verheerung im Pfälzischen, Worms,
Speyer, Durlach sammt dem prächti-

gen Schloß daselbst in die Asche, beraubten, plünderten und verbrennten
mehrere Dorfschaften. Endlich kam
von ihnen auch ein Korps von 3000
Mann vor Pforzheim, lagerten sich
auf dem Berg, das Roth genannt und
machten den Angriff zwischen der Ober-
und Nonnenmühle. Die Burger vertheidigten die Stadt ohne Unterstüzung von regulirten Truppen mit desto gröserm Muth, als sie sich von
denen im Hagenschieß verschanzten und
Würtemberg deßenden teutschen Völ-
kern Hülfe und Entsaz versprachen.
Die unerhörte Grausamkeit der Franzosen, mit rauben, plündern, bren-
nen und morden, sezte die Landes-
Einwohner in eine Art von Wuth und
Verzweiflung. Die von Hauß und
Hof vertriebene Bauern, Bürger und
Jäger, suchten ihre Sicherheit in erst-
gedachtem Hagenschleß und Callert,
Leztrer ist ein sehr steil liegender Wald
und dem Roth ganz nahe gelegen, aus

diesem nun schoßen diese verbitterten
Leute mit ihren gezogenen Gewehren
viele Franzosen in ihrem Lager tod;
welches ein Beweiß ist, wie wenig
Vortheil die grausame Behandlung des
unschuldigen Unterthans dem Feind
bringe und wie sehr es gegen die
Klugheit eines Generals sey, jene in
Verzweiflung zu sezen.

Die Pforzheimer Bürger wehrten
sich einige Wochen, so, daß der Feind
nichts gegen sie vermochte und genöthigt war, von der Hauptarmee Kanonen bringen zu lassen, womit er die
Mauer am Wasser niederschoß. Dem
ungeacht verlohren die Pforzheimer den
Muth nicht; Sie verabredeten vielmehr mit denen teutschen Truppen im
Hagenschieß einen Angriff auf die
Franzosen und versprachen zu gleicher
Zeit einen Ausfall zu wagen. Sie
hielten Wort, so bald sie die teutsche
Völcker bey St. Georg herab marschiren sahen; aber diese liesen die tapfere

Bürger im Gedränge und zogen sich,
ohne jene zu unterstüzen, in den Hagenschieß zurück. Die Pforzheimer
waren durch ihren heftigen Angriff zu
stark engagirt, als daß sie sich hätten so
leicht zurückziehen können; ein beträchtli-
cher Theil davon verlohr das Leben.
Da endlich die Bürger immer mehr
zusammenschmolzen, wagten die Franzosen einen Sturm, erstiegen die Mauren und nahmen die übrig gebliebnen
Bürger, die sich nicht mit der Flucht
retten konnten, gefangen. Viele flo-
hen in das Schloß, sich auch noch von
da aus zu wehren, das ich selbst noch
von einem alten Burger Nahmens
Bernhard Sattler gehört, der dabey
war und mir nicht genug zu sagen
wußte, wie grausam die Franzosen damal mit den Burgern umgegangen. Viele retteten sich bey der vormaligen
Burgermühle durch die Enz in den
Hagenschieß; viele, die diese wegen
dem Gedränge nicht erreichen konnten,
sprangen die Stadtmauer herab, bra-

chen Arm und Bein oder fielen sich
gar zu todt. Damal war es, daß die
Franzosen die Fürstl. Gruft beraubten,
die Fürstl. Leichname heraus warfen,
die zinnerne Särge zerschlugen und
die Glocken aus denen Thürmen mit
sich fortnahmen. Die Annäherung eines deutschen Korps verhütete die vor-
gehabte Einäscherung der Stadt, indem
sich der Feind in der größten Eile und
sehr geschmolzen zur Hauptarmee zurückziehen mußte. Die gefangene
Bürger aber schleppte er mit sich ins
Elsaß und wer sich von dort aus nicht
retten konnte, wurde auf die Galee-
ren gebracht, von daher Keiner mehr
zurückkam. Die geflohene wenige Bürger konnten also wieder in ihre rein
ausgeplünderte Häuser ziehen. Endlich aber kam der General Melack, um
die arme Stadt in einen Steinhaufen
zu verwandlen. Damal waren nicht
mehr als 36 Bürger in der Stadt.
Diese warfen sich vor Melack auf dem
Markt auf die Knie, stellten ihm alle

ihre bisher erlittene Drangsale lebhaft
vor, vertheidigten die ihnen vorgeworsene Nothwehr mit der grausamen Behandlung, und baten um Verschonung
ihrer leer ausgeplünderten Hütten so
naif, daß Melack dadurch gerührt wurde, und zu denen ihn umgebenden
Officiers sagte: Je crois, que c'est le
diable, qui preside au Conseil de guerre
a Paris, sich darauf zu denen
auf den Knien gelegenen Bürgern wandte, und ihnen voll Mitleid eröfnete,
wie er ihrer Bitte nicht entsprechen
könne, da er gemeßenen Befehl habe,
die Stadt zu zerstören, welchen Vollzug
leider die noch öde Plätze und Steinhaufen der Kirchen und Klöster beweisen. Ich gestehe, daß, wenn ich in
andern Geschichtbüchern den Melack mit
dem Beynahmen Mordbrenner gebrandmarkt fande, ich diesen Mann immer
bedauerte, da er gewiß nur das
Werckzeug eines grausamen Kriegsministers oder gar des Turenne selbst
war, unter deßen Befehlen Melack stund.

Inzwischen nannten die Mezger nachher grose Hunde ihm zum Schimpf,
Melack. Die Bürger hatten sich darauf, um nur wieder unter Dach zu
seyn, kleine Hütten flüchtig hingebaut,
dergleichen noch einige hier zu sehen
sind, aber auch diese wurden von einem andern streifenden Korps in Asche
verwandelt.

Bis jezt habe ich die Pforzheimer
Bürger in einem seltenen Heroismus schildern können, der nebst ihrer Treue und
Ergebenheit gegen das Fürstl. Haus
noch in denen Herzen ihrer Nachkommen flammt. In Ansehung anderer
bürgerlichen Umständen aber muß ich
mit Virgil, sagen: Troja fuit. Die
Stadt selbst hat sich, da auch der Spanische Erbfolgkrieg sogleich darauf er-
folgt, seitdem nimmer zu ihrem vorigen Glanz aufschwingen können, der
kriegerische Muth der Bürger, die ganz
Soldat waren, verpflanzte sich auch in
die Denckungsart ihrer Weiber. Sie

trösteten sich über den Verlust ihrer
Männer bald, und waren stolz darauf,
wenn diese als brave Männer gefoch-
ten und auf dem Bette der Ehre um-
gekommen, und man hat mir Beyspie-
le erzehlt, daß sich Weiber von ihren
Männern haben scheiden lassen wollen,
wann sie sich feig bewiesen. Ob man
nun wohl denen heutigen Weibern zu
Pforzheim dergleichen Muth nicht ganz
absprechen kann, so dürften doch wenige hierinnen ihren Grosmüttern bey-
kommen. Der blose Bürger kann den
Muth nicht haben, den derjenige hat,
der zugleich berufener Soldat ist. Doch
wieder zur Geschichte.

Der Abgang der alten Bürger mußte nun wieder durch fremde ersetzt werden. Man nahm also ehrliche Hand-
wercksgenossen auf, wie sie sich fanden,
ohne hiebey auf ein starck einbringen-
des Vermögen zu sehen, wenn nur dadurch verwaißte Mädchen oder junge
Wittwen wieder einen Versorger fanden.

Inzwischen waren die œconomische
Umſtände ſowohl des Landesherrn, als
des gemeinen Stadtweeſens und der
Bürger ſehr traurig. Da die Unterthanen während den vorbemerckten
Kriegen nichts zahlen, und der Landesherr, ſelbſt in druckenden Umſtänden,
nichts nachlaſſen konnte, wie denn
Friedrich Magnus nicht einmal eine
eigene Wohnung, auſer in Baſel, mehr
hatte, und die Kriegsſteuern und Mo-
natgelder auf den Gütern hafteten,
von denen in dieſen greulichen Zeiten
kein Nuzen zu ziehen war, ſo häuf-
ten ſich die herrſchaftlichen Forderungen darauf ſo an, daß die Bürger zu
Pforzheim ihre Aecker zum theuerſten
um die darauf haftende Kriegsſteuern
andern abtraten, oder theils umſonſt
oder um eine Kleinigkeit hingaben.
Zum Beiſpiel gab der damalige Beſi-
zer den Acker an der Weegſcheide nach
Brözingen und Durlach um einen Saumagen hin, ein anderer wurde um
einen Laib Brod und noch ein andrer

mit der Bedingung abgetreten, daß
der neue Besizer täglich für ihn und
seine Familie ein Vaterunser beten solle.
Daher die Aecker noch heutiges Tags
den Nahmen Saumagen = Brod = und
Vaterunser = Acker haben. So unbedeu=
tend diese Anekdote scheinen mag, so
läßt es sich doch daraus auf die da=
malige elende Zeiten schließen, und
bleibt für den Landökonomen immer
wichtig, wenn man ihm auch sagt, daß
nun solche Aecker um 3 bis 600 Gul=
den verkauft werden. Daraus wird
er erkennen, daß in diesen trübseeligen
Zeiten der größte Güterbesizer der
ärmste Mann war, indem er davon
für die damalige Zeiten große Abga=
ben entrichten mußte, während er aus
Geld = und Viehmangel und wegen
dem beständigen Souragiren der Feinde
und Freunde nichts daraus ziehen konnte.
Hierzu kam noch, daß der Marggrav
von Durlach an den Marggraven von
Baaden einen großen Abtrag wegen
Benuzung der Baadischen Länder be=

zahlen mußte.   Worzu die diesseitige
Unterthanen kontribuiren mußten. Auch
trugen die Pforzheimer mit dem ganzen Lande das Ihrige willig bei, als
zu Vindicirung der Herrschaft Rötteln
die sogenannte Longuevillische Gelder
geschossen werden mußten. Diese dru-
kende Umstände verhinderten auch die
Wiederherstellung der ehemaligen tref-
lichen Schulen, worunter die Morali-
tät augenscheinlich litte.   Das Stadt-
Aerarium war so verschuldet, daß die
Bürger ausser des nöthigen Bauholzes
allen Benuzungen bis zu beßern und
günstigern Zeiten entsagten, um der
Monat-Geldern los zu kommen, die
sie hätten beitragen müssen.

Inzwischen wurde auf dem Reichs-
tag die Verfügung gemacht, daß in
Zukunft ein jeder Reichsstand ein be-
stimmtes Militair halten soll.   Ohn-
geacht Marggrav Friedrich Magnus
allen Aufwand einschränkte, so war
die Lücke in der Staatscaße dannoch

so groß, daß Er diesfalls um Exemtion
bitten mußte, die Er auch erhielt. Die
Pforzheimer Bürger thaten demnach
ihre Hofwache nach wie vor, bis Marggrav Carl Wilhelm, deßen Nachfolger,
endlich durch die eingeschränckteste Wirt-
schaft sich im Stand sahe, das ihm zu-
geteilte Militair zu errichten.   Dieses
entband nun die Pforzheimer ihres ob-
liegenden Dienstes zu Schimpf und
Ernst.   Wenn nun Marggrav Carl
Wilhelm auf das stehende Militair grose Kosten verwenden mußte, dagegen
die Pforzheimer Bürger bei Weib und
Kindern ihr Gewerb ruhig fortsezen
konnten, so war es sehr billig, daß
der Marggrav von jenen einen mässi-
gen Beitrag förderte, und eben so billig, daß diese ihn willig und und mit
Freuden abrichteten. Wenn aber dem
Marggraven angeraten worden, diese
Contribution unter verschiedenen Tituln,
als Pfundzoll, Ohmgeld, Maaskreu-
zer ꝛc. kurz unter Abgaben anzufor-
dern, die auch der leibeigene Unter-

than bezahlte, so fiel es denen neuen
Bürgern um so mehr auf, als sie auf
Marggravs Philipp Privilegien den
Burger Eid abgelegt, indem sie solcher Abgaben nahmentlich befreit waren.   Die alte Bürgerfamilien hingegen, aus denen der damalige Stadt-
Rath bestund, denen das Beschwerliche
des Kriegsdienstes allzuwohl bekannt
war, sahen die Billigkeit einer Contribution sehr wohl ein, gaben es auch
dem Marggraven zu erkennen und
baten, diese nur unter andern Be-
nennungen zu verlangen. Der Stadt-
Rath ermangelte auch nicht, der Bürgerschaft ganz deutlich zu machen, daß
ein Beitrag zum stehenden Militair
mit der Befreiung von Kriegsdiensten
unzertrennlich verbunden wäre, und
daß der gütige Landesherr sich auch
werde erbitten laßen, diesen Beitrag
leidentlich zu machen, welches sie nun
ruhig abwarten möchten.   Einige un-
ruhige Bürger aber, deren häußliche
Umstände schlecht waren, und im trü

ben zu fischen dachten, verhezten einen
ziemlichen Theil der neuen Bürger so,
daß sie sich weigerten, etwas zu geben. Der Marggrav sandte eine Com-
mission hieher, um die Sache mit dem
Stadtrath und den Bürgern ins reine
zu bringen. Die Verhandlungen wurden einige Tage ruhig fortgesezt; Es
mag nun seyn, daß die Fürstl. Com-
mission nach Commissionsart auf dem
Strengsten beharrte, und dieses unter
das Volk gekommen, kurz, die Weiber liefen mit Ungestümm auf das
Rathhauß und zerstörten die Unterhand-
lung. Die Bürger schickten ihre Auf-
wiegler nach Wien, und diese betrogen jene von Wien aus mit lauter
unwahrhaften günstigen Nachrichten,
während sie sich auf Unkosten der Ver-
führten daselbst gütlich pflegten. Der
Marggrav schickte endlich einige Gre-
nadier-Compagnien hieher, mit dem
Befehl, denen Widerspenstigen, doch
nur so viel und nicht mehr, an Sahr-
nus auszutragen, als ein jeder schul-

dig war. Die verblendete Leute aber trugen den Soldaten noch ihre beste Sachen nach, indem sie in dem irrigen Wahn stunden, alles wieder mit Wucher zu erhalten. Die ganze Sache aber wurde bald darauf in die Ordnung gebracht, die der sogenannte Interims-Befehl enthält und dem bisher sträcklich als einem Grundgesetz nachgelebt worden. Daß aber noch viele Familien jene Execution, die ihre Väter aus einem unglücklichen Vorurteil selbst schärften, empfinden, ist gewiß.

Gerne würde ich diese Begebenheit ganz verschwiegen haben, wenn ich nicht geglaubt hätte, schuldig zu seyn, sie meinen Mitbürgern zu ihrer beständigen Warnung nach den wahren Umständen bekannt zu machen, damit sie die Stimme des Aufwieglers verachten, und immer ihre Zuflucht zu dem Herzen ihres Landesherrn nehmen möchten.

Diesen

Diesen Flecken, den jene Verführte unter den neuen Bürgern der Bürgerschaft angehängt zu haben scheinen, ist indeß um so weniger vermögend, die glänzende Treue und Ergebenheit unserer Vorväter gegen dies Fürstl. Hauß, die noch in der Bruß ihrer Nachkommen lodern, zu verdunckeln, als diese an jener Verirrung nicht den geringsten Anteil genommen, sondern in beständiger Devotion geblieben.

Ich habe wahrgenommen, daß man noch heut zu Tage den Fehler begeht, daß man den gemeinen Bürger zu gering schäzt, um nötig zu finden, ihm von jeder Veränderung oder Verordnung einen wahren Begriff beizubringen, der ihn jederzeit zu frieden stellen würde, und das so eben angeführte Beispiel, wobei der nehmliche Fehler begangen wurde, zeigt zur Genüge, welch unverwindlicher Nachteil hieraus ganzen Gemeinden zugefügt werden könne.

* * * *

Bei dem Schluß dieser Geschichte bemerke ich nur noch, daß ich in meinem Innersten überzeugt bin, daß sämmtlich meine dermalige Mitbürger die devoteste Treue und Liebe zu ihrer Durchlauchtigsten Herrschaft haben. Es ist der alles regierenden weisen Vorsicht zu verdanken, daß wir an dem menschenfreundlichen Monarchen Joseph dem zweiten ein Reichs-Oberhaupt haben, das die Reichsständische Freiheit schüzt und liebt, deßen vornehmster Entzweck dahin geht, seine eigene weitläuftige Staaten und Untertanen die höchstmöglichste Wohlfart zu verschaffen, das Ehre und Nahmens Unsterblichkeit nicht in dem blendenden Ruhm eines Eroberers, sondern wie ein Titus im Wohlthun sucht; Daß wir also jene betrübte Zeiten unter einem so geliebten Reichs-Oberhaupt nie zu befürchten haben. Wenn aber auch die Monarchen sterblich sind, wenn es möglich ist, daß künftige Besizere des Kaiserthrons sich zur Unterdru

tung der Nationen verleiten laßen können, und für die Reichsftändische Freiheit zu kämpfen nötig werden dürfte,
dafür uns aber der König aller Könige
in Gnaden bewahren wolle, dann bin
ich überzeugt, daß die lebende Pforzheimer Bürger mit eben solcher Treue
und Mut für die Gerechtsame des
Fürftlichen Haußes kämpfen, fiegen
oder fterben werden, als ihre Vorväter,
die Vierhundert.

Ich hoffe, geliebtefte Mitbürger, daß
ich diese Versicherung von Euch und
Euren Nachkommen mit Zuversicht
thun könne. Euch, Eure Kinder und
Enkel in solcher Gesinnung zu erhalten,
und Euch die Schickfale eurer Vater-
ftadt und rühmliche Beispiele eurer
Vorväter tief ins Herz zu prägen, habe ich diese Geschichte entworfen. Leset
fie fleißg. Macht euern Kindern und
Enkeln Erzehlung hievon. Erwäget
die Glückfeeligkeit, unter Fürften zu le-

**** 2

ben, die ihre Untertanen, wie Väter
ihre Kinder lieben. Warme Treue
und williger Gehorsam, tiefe Verehrung sei euer Dank! So lange ein
Fürst Mensch ist und Menschen zu
Räthen und Gehülfen braucht und so
lange Menschen fehlen, so lange wird
keine Regierung entstehen, die allen
Recht thue. Die beßte Verordnungen
können Menschen schief ansehen und
darüber murren. Laßt euch erst an-
geführten Fehler warnen, je einen solchen selbst zu begehen! Erhaltet durch
unwandelbare Treue und Gehorsam die
im Herzen eures nie genug zu vereh-
renden Landesherrns wohnende Gnade
zu euch. Vertraut euch gänzlich seiner
Landesväterlichen Vorsorge, und glaubt
daß alle seine Verordnungen zu eurem
Beßten abzwecken. Verbannet alles
Mistrauen in dieser. Dieses Mana
quillt nur in jenen Wüsten, wo Rentirer des Regenten Schäze auf Unkosten der Untertanen aufhäufen wollen
und euer theuerster Landesherr hat in

seinen dinsten Räte, die mit seiner
Herzensgüte einstimmen! Fliehet Menschen, die ihr bößes Herz zu Dienern
der Zwietracht, das ist, zu Aufwieg-
lern umgeschaffen. Es sind Insecten
in Menschengestalt, die eure Ruhe und
Wohlfahrt stöhren. Glaubt ihr, daß
euch zu viel geschehe, nehmet eure Zuflucht zu dem Vaterherzen eures Landesherrn, da werdet ihr Kindesrecht
finden. Entflammt eure Herzen mit der-
jenigen Liebe, Treue, Dank und Ergebenheit gegen das Hochfürstliche Haus,
das noch keinen andern als guten Regenten hervorgebracht, die denen Vier-
hunderten eurer Vorväter Mut einge-
flößt, für die Sicherheit, Leben und
Freiheit ihres geliebten Landesherrns
zu sterben. Bewahret diese Glut der
Liebe, Treue und Verehrung in euren
Herzen, verpflanzet sie auf eure Nachkommen, damit ihr jezt, wie einst sie,
die unaussprechliche Wonne geniesen
möget, welche die hieraus entspringen-
de Landes ⋅ Wohlfart gewährt. Gott

und die vollendete werden sich hierüber
freuen und der Ewige wird eure Tage
mit Frieden und Genuß innerer Zufriedenheit segnen.

Endlich habe ich nur noch etwas weniges
von der Veranlassung u. zur Rechtfertigung
des Trauerspiels zu sagen:

Als ich das Trauerspiel, die° Belag-
rung von Calais las, wurde ich auf
den Heroismus der dasigen Bürger eifersüchtig und wünschte diesem eine wichtigere teutsche Grosthat entgegen zu
sezen. Ich ward entzückt, als nicht
nur mein Vaterland, sondern meine
Vaterstadt selbst und sogar die Vorväter meiner lieben Mitbürger mir hierzu
den rühmlichsten Stoff darboten; sogleich widmete ich meine Muße zu dessen Bearbeitung. Mein Eifer ließ mich
die Schwürigkeiten nicht bemerken, die
sich bei der Bearbeitung erst entwickel-
ten; und ich wollte doch aus dieser
vaterländischen Geschichte etwas Gutes
liefern. Welche Möglichkeit, eine

Schlacht auf das Theater zu bringen,
ohne in Scheackspears Fehler zu fallen
und das Theater, wie in seinem Julius Cäsar leer und eine Partie wider
alle Wahrscheinlichkeit nach einander
auf und abtreten zu lassen? Hätte ich
können würkliche Angriffe auf das
Theater bringen? welche Möglichkeit
Männer während Schlacht auftret-
ten zu lassen, die nirgend anders als
in der Schlacht seyn sollten und wollten? Wie sie erscheinen machen, ohne
sie dem Verdacht einer feigen Entzie-
hung blos zu stellen? Und doch weiß
ich, daß nicht Episoden und blose Erzählungen sondern Handlungen ein
Drama lebhaft machen und den Zuschauer unterhalten, und daß dieses
eine Hauptregel seye. Hier war nun
ein unauflöslicher Knode. Hic nodus,
hic salta. Was blieb mir übrig, als
das, was Natur, Wahrscheinlichkeit er-
forderten? Erzehlungen vom Zustand
der Schlacht, Ausdrücke der Gemüths-
bewegungen der Weiber, deren Män-

ner der Schlacht beywohnten, Episoden, Aufmunterung in allen Fällen.
Mit drey Aufzügen würde ich eine
Schlacht, die von früh Morgens an-
fieng und sich erst Abends um 8 Uhr
endigte, da der General Tilly dreimal
angriff, nicht haben vorstellen können.
Kaum gestattete mir die Wahrscheinlichkeit, der Hauptpersonen so viel auf
das Theater zu bringen, als nöthig
war, ihren Muth zu zeigen, den sie
in der Schlacht selbst bewiesen und nur
erzehlen lassen mußte. Ich suchte mir
also im Kampf gegen diese Schwierigkeiten damit zu helfen, daß ich die
wichtige Veranlaßung dieses schrecklich
und grausamen Kriegs erzehlen und
des Burgermeisters Weib allenfalls in
Kriegszeiten nöthige moralische Grund-
säze sagen ließ, die vielleicht einem
Aufmerksamen keine lange Weile machen dürften. An dem Tag der Schlacht
war, wie die Geschichte sagt, eine auf-
ferordentliche schwüle Hize, wenn ich
also Männer auf dem Theater trinken,

sich erhohlen und neue Kräften sammlen lasse, so wird es hoffentlich nicht
getadelt werden können, zumal ich nur
diese wenige Zeit benuzen konnte, sie
in ihrem Muth darzustellen. Was ich
von der römischen Curie und ihren
Emissarien habe sagen lassen, wird
hoffentlich keinem vernünftigen Catho-
licken auffallen, da nichts gesagt wird,
als was die Geschichtschreiber ungerügt
und Erzbischöffe, Bischöffe und Dom-
Capitel selbst in ihren Beschwerden gegen jene gesagt haben.

So entstund nun dieses Drama, das
ich so gerne zum Ruhm jener Vierhundert Bürgern besser gemacht hätte, wenn
es mir möglich gewesen wäre. Jedermann wird glauben, daß ich mich
äusserst bestrebt, zur Ehre dieser Männer etwas beyfallwürdiges zu liefern,
und mein Wunsch geht noch dahin,
von Kennern der dramatischen Arbeiten Anweisung zu erhalten, wie
und auf welche Art das Stück mit

Beobachtung der Regeln verbessert werden könnte. Eine solche Weisung würde ich nicht nur mit unendlichem Danck erkennen, und dieses vaterländische Stück mit allem Vergnügen so umarbeiten, daß es mit Beyfall auch aufgeführt werden könnte, sondern ich würde auch einem solchen Freund öffentlich dafür zu dancken, Gelegenheit nehmen. Pforzheim den 20sten July 1778.

Der Verfaßer.

Vorkommende Personen.

Marggrav Georg Friedrich.

Magnus, Prinz von Würtemberg.

Wilhelm,
Bernhard,
} junge Prinzen v. Sachsen-Weymar.

Otto, Graf v. Solms,
Baron v. Helmstädt,
} Generäle d. Marggraven.

Baron von Rippur,
— von Schönau,
} Obristen.

Officier.

Ein Stallmeister.

Burgermeister von Pforzheim.

Linz,
Meyer,
Wilderfinn.
Günter.
} Hauptleute der Pforzheimer.

Sophia, des Burgermeisters Weib.

Margaretha, des Linzen Weib.

Grodno, ein gefangner Ungaris. Rittmeister.

Jacob, des Burgermeisters Knecht.

Tilly, Kayserlicher General.

Cilley, Graf.

Kayserliche Officier.

———————————

Die

Die
Vierhundert Pforzheimer Bürger
oder
Die Schlacht bey Wimpfen.
Ein Trauerspiel.

Erster Aufzug.

(Stellt das Lager und Hauptquartier des Marggraven vor.)

Erster Auftritt.

Sophia. Margreth.
(In alt deutscher Weiber-Tracht.)

Sophie.

Gewiß, es war mir unerträglich, zu sehen, daß, da unsere muthige Männer bey ihrem Abmarsch sich auf dem Marckt zu Pforzheim ranschirten, die Weiber und Kinder ein solches Gewimmer anfiengen, und denen Männern das Herz stahlen.

A

Ich knirschte mit den Zähnen über die Schwachheit dieser Weiber und bat meinen Mann den Abzug zu beschleunigen und dem Unwesen ein Ende zu machen.

❀ Margareth.

' Mir aber preßte dieser Auftritt viele Thränen aus. War es dann diesen Weiber und Kindern zu verdenken, wenn sie dem Mann und Vater oder dem Sohn und Bruder die lezte Zärtlichkeit schenckten, da es ja bey diesem fürchterlichen Krieg leicht möglich ist, daß sie diese damals auf dem Markt das leztemal sahen und umarmten?

Sophie.

In diesem Leben hat alles seine Ordnung und Gleichgewicht. Du weißt, Linzin, daß es der Pforzheimer Pflicht ist, sobald der Marggrav zu Felde zieht, ihn mit so vielen Leuten zu beschüzen, als Er verlangt. Welche Ehre, daß sich der Fürst

ihrer Treue anvertraut? Welches Vergnügen, unter ſeines Landesherrns Augen zu
beweißen, daß man das Herz am rechten
Fleck ſitzen habe, daß man zu ſeiner Vertheidigung keine Gefahr ſcheue, ſeines
Bluts und Lebens nicht ſchone, daß man
ſeinen Fürſten und Vaterland, wie Gott,
über Weib und Kinder liebe? Und thun
wir das umſonſt? Sind wir dagegen nicht
von allen Abgaben frey? Wäre aber auch
das nicht, iſt nicht ein jeder Unterthan
ſchuldig und verbunden, für ſeinen Fürſten Leib und Leben zu laſſen? und liebe
Linzin, iſt Georg Friedrich nicht würdig,
tauſend Leben für ihn aufzuopfern?

Margareth.

Alles gut, Burgermeiſterin! Aber kann
die heroiſche Pflicht. die Pflicht der Natur, die Pflicht der Zärtlichkeit erſticken.

Sophie.

Das verlange ich nicht einmal! aber
dieſe Weiber wußten, daß ihre Männer

und Väter ins Feld zogen; Sie hätten also der Zärtlichkeit alles in denen Häußern einräumen können, aber noch auf den Markt laufen ein offentliches Gewimmer anfangen und muthige Männer weichherzig machen, konnte ich nicht loben. Es vergnügte mich daher sehr, als mein Mann zu Pferd stieg und befahl, daß sich Weiber und Kinder entfernen sollten. Ich muß dir, Linzin, nur meinen Stolz bekennen, den ich damals bekam. Ich verglichte meinen Mann einem römischen Hauptmann, der, als Rom noch in seiner Kindheit war, eben so gegen die Feinde auszog; und seine Rede an seine Mitbürger, die er vor dem Abmarsch hielte, erfüllte mich mit einem solchen Muth, daß ich gewünscht, Mann zu seyn, um für meinen Fürsten streiten zu können.

Margareth.

Ich konnte diese Rede nicht deutlich hören, aber ich nahm wahr, daß da er sie kaum geendet, die naße Augen der Männer

ner sich getrocknet hatten und sie mit einem muthigen Geschrey: Es lebe Georg Friedrich, verlangten abgeführt zu werden. Und da schwenckte sich die Reuter Compagnie und die zu Fuß eilten mit abgemessenen Schritten zur Stadt hinaus, wir aber sassen auf unsere Wägen und fuhren hinten nach.

Sophie.

Meines Mannes Rede gesiel mir wegen seines kurzen aber nachdrücklichen Innhalts so wohl, daß er sie mir abschreiben mußte, die ich dann immer bey mir trage, und zu meiner Ermunterung lese, wenn mir der Gedanke kommen will, daß ich meinen Mann in diesem Feldzug verliehren könnte.

Margareth.

Darf ich dich nicht bitten, sie mir vor zulesen?

B

Sophie.

Mit Vergnügen! Vielleicht macht sie dich auch herzhafter. Höre also:

Theuerste Mitbürger,
Tapfere Freunde!

„ Der Ruf unsers theuersten Marggra-
„ vens hat euch bewaffnet, und ich sehe
„ euch mit Vergnügen fertig, die Rechte
„ unsers geliebtesten Landes-Fürsten und
„ seine uns geheiligte Person zu vertheidi-
„ gen, zugleich aber auch die Zähren der
„ Zärtlichkeit in euren Augen zittern!
„ Verzeiht mir, daß ich die Gegenstände
„ eurer Zärtlichkeit so eben entfernen las-
„ sen. Lasset sie die glückliche Mutter eu-
„ res Muths und Tapferkeit seyn! Schon
„ der unserm geliebtesten Landesvater ge-
„ leistete Eid verlangt diese Pflicht von
„ euch. Uebertriebene Gewalt der Feinde
„ und die in Gefahr stehende Reichs- und
„ Religionsfreyheit nöthigen den friedfer-
„ tigsten, den liebenwürdigsten Fürsten die
„ Waffen zu ergreifen, um auch euch und

„ euren Nachkommen die Gewißensfrey-
„ heit zu erhalten.   Nie ſind die tapfere
„ Pforzheimer um einer gerechtern Urſache
„ willen ausgezogen, als heute.   Werfet
„ geliebteſte Mitbürger, eure Augen auf
„ die unglückliche Pfalz, auf den Jam-
„ mer eurer Glaubensgenoßen, auf die
„ abſcheuliche Mißhandlung ihrer Weiber
„ und Kinder, auf die grauſamſte Reli-
„ gionsbedruckung, auf ihre verſchloßene
„ Kirchen und beraubte Altäre, auf die
„ mit feurigen Buchſtaben am nächtlichen
„ Himmel bezeichnete flammende Zerſtöh-
„ rung der Städte und Dörfer.   Wir,
„ Freunde! haben kein anders Schickſal
„ zu erwarten, wenn nicht die Klug- und
„ Tapferkeit unſers geliebteſten Landes-
„ Herrn es von uns abwendet.   Wer
„ kann, ohne Gefahr, das Seinige zu
„ verlieren, das Hauß ſeines Nachbarn
„ denen Flammen Preiß geben? Die Ge-
„ rechtſame unſers Fürſten erfordern un-
„ ſere Tapferkeit.   Dieſer will er ſeine ge-
„ heiligte Perſon anvertrauen.   Pflicht
„ und Ehre iſt's, ſie mit unſerm Leben
B 2

„ und Blut zu beschützen.   Es ist Ehre
„ für uns, für die bedrohte Reichsständi-
„ sche = für die Religions = Freiheit zu kämp-
„ fen.   Wir ziehen aus, für GOtt, für
„ seinen gereinigten Gottesdienst, für Tem-
„ pel und Altäre, für unsere Weiber und
„ Kinder, für die Wohlfahrt unserer Nach-
„ kommen, für ihr ewiges Heil zu siegen
„ oder zu sterben.   Wer den Tod scheuen
„ wird, den wird er erhaschen, wer die
„ Gefahr fliehen wird, den werden die
„ Drangsale den Tod wünschen machen,
„ wer die allgemeine Sache verlaßen wird,
„ deßen Nachkommen werden unter dem
„ Joch des Aberglaubens seufzen, und
„ Weib und Kinder werden der Wut
„ grausamer Feinde ausgesezt werden, die
„ eure Kirchen und Altäre zerstören und
„ ihre Seelen gefangen nehmen wollen.
„ Was wollt ihr thun, Freunde? Wir
„ sind für die gute Sache bewafnet.   Für
„ dem äusersten Elend kann uns nichts
„ als Mut und Tapferkeit schützen.   Ist
„ nicht ein ruhmvoller Tod besser als das
„ Gefühl der Sclaverei? Was kann uns

„ auf dem Schlachtfeld mehr beruhigen,
„ wenn wir fallen, als daß wir für die
„ Religion, für die Reichsfreiheit, für
„ den Fürſten, für das Vaterland, für
„ unſere Weiber und Kinder, unſer Blut
„ und Leben dahin geben? Welche Ehre?
„ Laßt uns hinziehen, ſie zu erkämpfen.
„ Noch iſt ſie in unſern Händen, unſere
„ Wohlfahrt.   Noch können wir für ſie
„ ſtreiten. Laßt uns hinziehen, unſern
„ Nachkommen ewige Freiheit zu verſchaf-
„ fen.   Laßt es ſeyn, daß einige unter
„ uns den unmerklich kleinen Punct der
„ Erde, Weib und Kinder nimmer ſehen!
„ Welche Ehre, ſein Leben für eine ſo groſe
„ Angelegenheit gelaßen zu haben? Wel-
„ che Seeligkeit, den allgemeinen Ruhe-
„ punct ſo ruhmvoll bald erreichen, wo
„ tauſend Jahre, wie ein Tag ſind, wo
„ wenige Minuten, die, die wir lieben,
„ und für die in dieſem Leben der all-
„ mächtige Vater ſorgen wird, mit uns
„ in ewiger Wonne wieder vereinigen.
„ Dieſe Ehre, dieſes Glück erwartet uns,
„ laßt uns ihrer würdig entgegen eilen,
„ und unſere Pflicht erfüllen!

Margret.

Diese Rede kann auch einem Weib Mut
und Tapferkeit einflößen.

Sophie.

Diesen vermehrte noch über das der
gnädige Empfang des Marggraven bei
Durlach. Er ritt denen Pforzheimern mit
denen Prinzen und Generals entgegen,
Wies ihnen selbst den Plaz im Hauptquartier an, ließ die Reuter ihre Schwen-
kungen und die zu Fuß ihre Handgriffe
machen, und war über die Behendigkeit
äußerst vergnügt, mit der sie ihr Lager
aufschlugen. Wie vorzüglich besorgt war
Er nicht für seine liebe Bürger, damit sie
alles gut und recht bekämen?

Margret.

Alles recht, liebe Burgermeisterinn. Wir
stehen aber in Gefahr, Wittwen und unsre Kinder Waißen zu werden.

Sophie.

Ist doch das Leben unserer Männer in der Hand des Höchsten. Können wir nicht auch diese mitten im Frieden durch Krankheiten und andere Zufälle verlieren? Ist der schützende Arm des Allgütigen durch Schwerdt und Kugel abgekürzt? Werden sie in diesem Krieg umkommen, wenn die Vorsehung ihr Leben auf mehrere Jahre bestimmt? Glaub'st du nicht, daß ich meinen Mann und Kinder nicht eben so zärtlich liebe, als alle wimmernde Weiber zu Pforzheim die ihrige? Glaub'st du nicht, daß mir meine zurück gelaßene Kinder nicht auch zuweilen einfallen und Sehnsucht nach ihnen erregen? O da wärest du sehr irre. Ueber das hätte mein Mann gar wohl zu Hauß bleiben und zu Pforzheim seinem Amt vorstehen können; aber er wollte den Feldzug freiwillig mitmachen, um seinen Mitbürgern mit einem guten Beispiel vorzugehen, und ihren Mut und Tapferkeit anzufeuren, und ich wollte ihm dieses um so weniger abraten, als ich

selbst einsah', daß dieser Feldzug von
äuserster Wichtigkeit seye, wie du so eben
aus meines Mannes Rede vernommen.

Margret.

Sage mir doch, Burgermeisterin, wie
dieser Krieg entstanden? So viel ich
weiß, haben der Kaiser und Reichsstände
immer gemeine Sache mit einander gemacht, ich begreife deswegen nicht, daß
jezo der erste mit den leztern Krieg führt,
insonderheit, daß sich unser Marggrav der
Sache so ernstlich annimmt.

Sophie.

Von Staats-Sachen weiß ich als ein
Weib nicht viel, aber mein Mann sagte
mir: Der Kaiser wolle unserm Marg-
graven seine Gerechtsame wegen dem Ba-
dischen Land erschwehren; das Königreich
Böhmen seye wie Ungarn und Pohlen, ein
Wahlkönigreich. Die Böhmen, wegen
Religions-Bedruckungen mit denen Oester-

reichiſchen Erzherzogen unzufrieden, hätten
den Churfürſten in der Pfalz zu ihrem
König erwählt und zu Prag feyerlich gekrönt; aber der Kaiſer Ferdinand wollte
ſich ein ſo ſchönes Königreich nicht nehmen
laßen, ſondern ſandte eine Armee nach
Böhmen, die den Churfürſten auf dem
Weißen Berg ſchlug, der ſich ſodann in
ſeine eigene Lande flüchten mußte, dem
aber der Kaiſer ſeine ſieghafte Armee nach-
ſchickte, und die ſchöne Pfalz jämmerlich
verheeren ließ. Da nun die Proteſtanti-
ſche Fürſten befürchten, der Kaiſer möchte
gröſere und weiter ausſehende Pro-
jecten haben, als blos den Churfürſten
zu züchtigen, ſo machten ſie eine Allianz
mit einander, die Reichsfreiheit und Religion zu vertheidigen.

Margret.

Und ihre Allianz ſcheint demnach ſehr
gerecht zu ſeyn.

Sophie.

Ich weiß es noch von meinen Eltern,
wie hart es seye, unterm Gewißens-
Zwang zu leben, denen die ihrige öffters
in nächtlichen Stunden erzehlten, was es
für Mühe gekostet, unsere Religion einzu-
führen, und wie vieles man vormals an
die Clöster abgeben müßen, um an denen
Mönchen wahre Müßiggänger zu mästen;
Welche große Gnade GOttes es seye,
aus dem Wort GOttes selbst die Religions-
Säze prüfen zu können, das man vorher
denen Layen, gleich als einem kezerischen
Buch, zu lesen untersagte, um den gemeinen Mann in der Unwißenheit zu erhalten. Wenn sie nun so erzehlten, mit welchem Jubel der erste neue Gottesdienst
eingeführt worden, so floßen die Freuden-
Thränen über ihre verwelkte Backen herab,
die wir zarte Enkel ihnen abtrockneten,
und wie aus dem Munde der alten Pro-
pheten von ihnen die Ermahnung hörten,
GOtt für diese unendliche Gnade zu preis-
sen, in dieser Religion unendlich zu verhar-

ren und Leib und Leben dafür zu lassen.
Siehe, das ist die Ursache, warum die
Pforzheimer so viel Mut haben. Sie wer-
den siegen oder sterben.

Margret.

Burgermeisterin, du machst mich stark,
das schwerste Schicksal zu ertragen.

Sophie.

Ich bin deswegen auch für diesen Feldzug so sehr eingenommen. Das Leben im
Lager erinnert mich an die Lebensart der
ersten Menschen, die die stärkende Kraft
des Morgenthaus tranken, sich Sonnen-
schein und Regen überließen, und in ihren
belaubten Hütten, die sie mit Fellen oder
Baumblätter bedeckten, oder in Felsenklüf-
ten dem Ungewitter trozten. Siehe, Linzin, unsere Zelten gleichen diesen Wohnungen. Welche Wonne, am Anbruch des
Tages die Sonne aufgehen, den Thau
gleich Juwelen in dem erfrischten Gras

glänzen sehen, die Vögel ihrem Schöpfer
mit dem lieblichsten Gesang preißen hören;
die liebliche Zephire fühlen, die unsre Zelten durchstreichen und den prachtvollen Un-
tergang der Sonne uns an unser Danck-
gebett für Gottes Güte erinnern zu lassen.
Fühlen wir das in unserm düstern Pforzheim? in unsern engen Gassen? unter
der Haus und Nahrungssorge? Und, siehe,
so geben uns oft traurige Aussichten viele
angenehme Dinge, die wir nicht gehofft.
Ich überlasse meinen Mann in jeder Gefahr, der er sich aussezt, der gütigen Vorsicht und Schuz meines Gottes. Schon
heute vor Tag ist er ohne weitern Beruf
mit denen Reutern auf den Streif, um
die Bewegung der Feinde auszuforschen.
Vielleicht sehe ich ihn nimmer. Und gleichwol werde ich seinen Eifer in dem Dienst
seines Fürstens nie zuruckhalten.

Margret.

Du machst mich wahrhaftig deine Em-
pfindungen fühlen, und das, was mich

vorhin erſchütterte, lerne ich in einem beſ-
ſern Geſichtspuncte betrachten. Aber laßt
uns in unſere Zelten gehen. Ich ſehe den
Marggraven mit denen Prinzen und Ed-
len hieher kommen.

Sophie.

Du erinnerſt dieſes ſehr wohl. Es
wird ſich nicht geziemen, ſie hier zu erwarten.

Zweiter Auftritt.

Die vorige. Marggrav. Prinz Magnus
von Würtemberg. Wilhelm und Bern-
hard, Prinzen von Sachſen Weimar.
Grav Otto von Solms. General von
Helmſtädt, Herr von Rüppur,
Herr von Schönau und Officier.

Marggrav.

Bleibt hier, Weiber! wo iſt der Burgermeiſter?

Sophie.

Er ist heute vor Tag auf den Streif ausgeritten.

Marggrav.

Brav! aber das hätte er nicht nöthig gehabt. Der Mann ist ein wenig zu verwegen. Er dürfte einmal vergessen wider zu kommen.

Sophie.

O das thut er gewis nicht.

Marggrav.

Das glaube ich wohl. Aber oft kann man nicht mehr, wenn man auch schon wollte, und das würde für Sophie sehr traurig seyn.

Sophie.

Ich gestehe, daß mein Mann mir das liebste in der Welt ist, und es für mich

ſehr traurig wäre, ihn zu verliehren.
Wenn es aber Gott ſo verhängen ſollte,
daß er in der Vertheidigung der gerechten
Sache ſein Leben verliehren müßte, ſo
würde mich das tröſten, daß er ſeine
Schuldigkeit gethan. Der Himmel, der
ihn in der Schlacht bei Wisloch in ſeinen
Schuz genommen, kann es auch jezt thun.
In Scharmüzeln kann man ſich ſeiner Haut
immer beßer wehren, als in Hauptſchlach-
ten und da trau ich meinem Mann zu,
daß er nie zu kurz kommen werde.

Prinz Bernhard.

Wahrhaftig, ein muthiges Weib!

Marggrav.

Aber iſt euch, Weiber, nie einkommen,
wie leicht ihr Wittwen werden könnet?

Sophie.

Schon oft Eure Durchlaucht! Aber ha,
ja ſelbſt unſer theuerſter Landesherr die

Gefahr mit unsern Männern theilt, an
deſſen Leben weit mehr gelegen iſt, ſo kann
uns ein ſolcher Gedanken nicht niederſchlagen. Werden die Hinterbliebene derjeni-
gen jemals unglücklich ſeyn, die für die
gerechte Sache Euer Durchlaucht aufdem
Schlachtfeld bleiben? dieſes iſt ſchon Troſt
genug für die Hinterbliebene, wenn auch
die That vergeſſen würde.

Marggrav.

Und wie oft werden ſchöne Thaten vergeſſen?

Sophie.

Haben wir doch hier unſere Belohnung
nicht zu erwarten, und Belohnungen entkräften den Werth ſchöner Thaten. Sie
ſcheinen erkauft zu ſeyn. Die Zufriedenheit, ſeine Schuldigkeit gethan zu haben,
iſt allein die wahre Belohnung.

Marggrav.

Von wem weißt ſie das?

Sophie,

Sophie.

Von meinem Mann!

Marggrav.

Wenn meine ganze Armee so denkt, so kann ich getrost damit jedem Feind entgegen gehen.

(die Weiber gehen nach tiefer Verneigung ab.)

Dritter Auftritt.

Die Vorige außer denen Weibern.

Prinz Wilhelm.

Eure Liebden können würcklich auf Ihre Pforzheimer sich verlaffen.

C

Marggrav.

Rechtschaffene Vorgesezte machen immer
gute Bürger. Ich habe wahrgenommen,
daß es für Regenten allerdings von der
größten Wichtigkeit ist, denen Gemeinden
gute Männer zu Vorgesezten zu geben,
und den Grundsaz immer verworfen, daß
Fürsten von jenen alles erhalten können,
wenn sie ungeschickte muthlose Vorgesezte
haben. Dieser Grundsaz gränzt sehr nahe
an einen Despotismus und Ungerechtigkeit
und ich behaupte, ein Regent soll gerecht
seyn. Er darf sich also nicht scheuen,
einsichtsvolle, geschickte und erfahrne rechtschaffne Männer zu Gemeindsvorsteher zu
wählen. Auf solchen Leuten beruht um
so mehr die Wohlfart eines Landes, als
es eigentlich auf sie ankommt, gute Ordnung zu halten, die Verordnungen in
Vollzug zu bringen, rechtschaffne Bürger
zu ziehen, und den Detail zu besorgen,
womit weder der Regent noch seine Räthe
sich abgeben können, sie verwenden sich
mit Eifer und uneigennüzig zum Besten

ihrer Gemeinden, begreifen den Endzweck
der Verordnungen, und erklären ſie ihren
Untergebenen, daß ſie dieſe mit Luſt be-
folgen, und daraus entſteht die Verehrung
die Liebe und Treue der Unterthanen zu
ihren Fürſten, daß ſie auch im Nothfall
gerne Leib und Leben für ihn aufopfern.
Oft können Regent und Räthe zu Verordnungen verleitet werden, die ſie für
heilſam anſehen, und gleichwohl ganzen
Gemeinden zum Verderben gereichen. Ich
nehme bei ſolchen Vorfällen keinem Ge-
meindsvorſteher übel, wann er dagegen in
behöriger Submißion Vorſtellung macht,
und mich und meine Räthe von dem zu
beſorgenden Schaden unterrichtet. Dieſes
kann aber der unwiſſende Vorſteher nicht
thun, indem es ihm an Kenntniße man-
gelt, die Sachen nicht in behöriger Ordnung vorzutragen weiß, der bloß ſich mit
ſeinem Stolz und Eigennuz beſchäftigt,
und niederträchtig genug iſt, wenn er nur
dieſe befriedigen kann, oft die Wohlfart
ganzer Gemeinden in die Schanze zu
ſchlagen. Er iſt aus Kleinmuth gefällig,

alles was man verlangt, zu thun, und
thut damit dem Fürsten den größten
Schaden. Er ordnet, ohne die Folgen
einzusehen, und kennt die einreisende Uebel
nicht. Selbst verwerflich ist er unfähig,
Unordnungen zu bestrafen, und dem rei-
senden Strohm Einhalt zu thun. Solche
Vorsteher sind des Landes Verderben, ohne
daß der Regent hievon die Ursache entde-
ken kann. Dagegen rechtschaffene Männer
einem Regenten die Last der Regierung
erleichtern. Ich gab denen Pforzheimern
diesen Mann zum Bürgermeister, nachdem
sie ihn selbst darzu gewählt hatten. Er
kennt die alte römische und Reichsgeschichte
und die Gerechtsame meines Fürstlichen
Hausses, und ist sehr davon eingenommen.
Ich verlangte nicht einmal von ihm, daß
er den Feldzug mit machen sollte. Ich
wollte ihn deswegen zu Durlach entlassen,
nachdem er mir seine schöne Leute zuge-
führt. Aber er antwortete mir, daß er
schon jemand, da er Zeuge des Wohlverhaltens seiner Untergebenen seyn wollte,
an seine Stelle gesezt. Er wolle mit mei-

ner Erlaubnuß den Feldzug ganz mitmachen, und es würde für ihn die größte
Kränkung seyn, wenn Er auf meine Or-
dre wieder umkehren müßte. Ich konnte
ihm also seinen Wunsch nicht abschlagen.
Die Herren haben in der Schlacht bei
Wißloch gesehen, mit welcher Contenance
dieser Mann seine unterhabende Bürger
anführte, als ich ihnen vorzurücken befohlen. Und wie geschwind sie den vorge-
drungenen Feind zum weichen gebracht,
und vieles zum Sieg beigetragen. Täglich läßt er seine Untergebene ausrucken,
und exerciren, wobei er allemal eine Rede
hält, die sie mit neuem Muth belebt; Ich
habe diesem verdienten Mann gleich nach
der Wißlocher Schlacht erlaubt, seinen
Untergebenen die Parole zu geben, und die
bestund entweder in Siegen oder Sterben
oder für Georg Friedrich und Vaterland
oder für Gott und die Religion oder getreu
bis in Tod. Sie beede Prinzen von Weimar waren mit mir, als er eben eine solche Rede an seine Untergebene endigte,
und diese mit dem Freidengeschrei: Es

lebe Georg Friedrich, antworteten. Sie
haben es mit angehört; als wir uns ihm
näherten, mit welcher Zufriedenheit er mir
antwortete, da ich ihn fragte, was er so
eben gethan? „Nichts als meine Schuldig-
„ keit! Dero Bürger haben neuerdings sich
„ verbunden, für Euer Durchlaucht Leib
„ und Leben aufzuopfern. Sie werden
„ ehe alle Sterben als Fliehen. “ —
Vielleicht ist heute der Tag, an welchem
sie ihre Tapferkeit beweisen können, denn
ich höre, der Feind habe Lust uns anzugreifen, und ich erwarte ihn mit großer
Begierde. Er hat zwar eine Verstärkung
erhalten, aber auch mein werther Herr
Vetter, Prinz Magnus von Würtemberg
hat mir 1500 Streitbare Franken zuge-
führt, auf die ich mir recht vieles zu gut
thue.

Prinz Magnus.

Ich hoffe Sie werden ihre Schuldigkeit
thun. Indessen wundere ich mich, daß Euer
Liebden ihr Lager so ganz unbefestigt lassen.

Marggrav.

Es würde zwar nichts schaden, wenn
es geschäh'te; da ich mich aber auf die
Tapferkeit meiner Armee verlassen kann,
so sehe ich davon den Nuzen nicht ein.
Vielmehr hoffe ich, daß dieses den Feind
zum Angrif reizen und uns zu einem
zweiten Sieg behülflich seyn werde. Es ist
zwar wahr, daß man die Zufälle in einer
Schlacht nicht allemal voraus sehen kann,
und gut, auf alle Fälle einen sichern Rückzug zu haben; aber ich glaube, damit der
Tapferkeit meiner Soldaten und meinem
Vertrauen auf Sie zu nahe zu treten.
Wir haben einen besiegten Feind vor uns,
und ich hoffe, der Himmel werde der gerechten Sache beistehen, und nicht zuge-
ben, daß die reichsständtische Freiheit zu
Grund gehe.

Prinz Bernhard.

Die Feßel wären wohl vergebens ge-
schmiedet, wenn alle protestantische Für-

sten die gemeine Sache mit so viel Mut und Nachdruck, wie Euer Liebden vertheidigten.

Marggrav.

Dieses wäre aber gleichwol ihre Pflicht. Ganz Europa sieht ein, wie partheiisch der Reichshofrath sich gegen mich in der Baadischen Sache betrage; wie vertragswidrig mein Herr Vetter, Eduart Fortunat auf seinen Landesanteil ohne meine Einwilligung unerschwingliche Schulden gemacht, und ihn sogar an den Grav Fugger zu veräusern gesucht, wie genöthigt ich war, ihn in Besiz zu nehmen, um durch eine gute Administration Zinße und Capital endlich wieder tilgen zu können; wie reichsgesez = und Vertragswidrig der Reichshofrath in seinen Dekreten gegen mich zu Werck gehe, und mir lauter unangenehme und äußerst nachtheilige Zumuthungen mache, blos um jeden Reichsfürsten in der Ohnmacht zu erhalten, und ihre selbst von der Vorsehung verhängte Vergrößerung zu erschweren.

Prinz Wilhelm.

Die Baadiſche Hausverträge und teſtamentliche Verordnungen ſind allzubekandt, als daß Europa Euer Liebden Recht mißkennen ſollte.

Marggrav.

Indeſſen macht man Unionen, Allianzen und Tractaten. Wenn es aber zum Treffen kommt, ſo treten die Verbundenen wieder ab. So gieng es meinem Freund und Allirten dem Churfürſt in der Pfalz. Die Union fand für gut, ſich von der Böhmiſchen Sache zu trennen, und der gute Churfürſt ward von niemand, als Betlem Gabor aus Ungarn unterſtüzt, daher auch auf dem weiſen Berg geſchlagen, und nun ſehen die Allirte geruhig zu, wie die grauſame Spanier die ſchöne Pfalz auf das erbärmlichſte verwüſten. Gewiß, wenn ein jeder ſeine Kräften ſo anſtrengen würde, als ich es gethan, ſo würden die Reichsfürſten vor Ferdinands Macht nicht zittern dürfen.

Prinz Bernhard.

Und doch ist es sehr natürlich, daß man lösche, wenn seines Nachbarn Hauß brennt.

Marggrav.

So dachte ich. Niemand hatte weniger Ursach, als ich, sich der Pfalz so nachdrücklich anzunehmen, nachdem Churfürst Friedrich mit meinem Vorfahren Carl dem Ersten nicht zum säuberlichsten verfahren, und noch verschiedene Aemter von meinem Landes-Anteil besizt, die ich, wenn ich mich von der Union trennen wollte, nun leicht wieder an mein Hauß bringen könnte. Aber ich würde schlecht handlen, wenn ich um meines Privat-Nuzens willen die allgemeine Sache verließe, und die Reichsständische und Religionsfreiheit, die unsere Vorfahren, so viele Mühe, Arbeit und Blut gekostet, verriethe, und das wichtigere dem geringeren nachsezte. Mein gegeben Fürstliches Wort soll immer zuverläsig seyn und bleiben. Und wie schlecht würde es mit der mit so vielem Blut erkauften Freiheit aussehen, wenn man ruhig zusähe, daß Ferdinand einen protestantischen Reichsstand nach dem andern untertrete, der gleich im Anfang seiner Regierung gegen die beschwobrne Wahlkapitulation fremde Völker in das Reich berufe, und so deutlich zeigt, daß er weit entfernt seye, diese Capitulation zu halten, Während Chur-Brandenburg, Chur-Sachsen, Darmstadt, die Braunschweigische Herzoge und andere Reichsstände ruhig zusehen, wie jener uns Feßel anlege, die endlich auch sie zu gewarten haben.

Prinz Wilhelm:

Ich habe mich nicht genug wundern können, daß mein Herr Vetter, der Churfürst von Sachsen, der bei der Sache einen großen Ausschlag geben könnte, die Einladung zur Union so schlechterdings ausgeschlagen.

Marggrav.

Ich reißte selbst zu ihm, und gab mir
alle ersinnliche doch vergebliche Mühe ihn
zur Union zu bewegen.   Ich stellte ihm
die Beispiele des Churfürsten Johann Fri-
drichs und des Landgraven Philipps von
Heßen vor, die gewiß nicht so lange in
der Gefangenschaft würden geseufzt haben,
wenn man gleich anfangs mit vereinten
Kräften sich Carl dem 5ten entgegen gesetzt hätte, dem es daher sehr leicht war,
einen nach dem andern zu unterjochen.
Vergeblich bewieß ich die gefährliche Absichten Ferdinands.   Marggrav Albrecht
von Brandenburg kam nach mir, arbeitete
aber eben so umsonst, wie ich.   Indeßen
kann Gott auch der Schwächeren Bemühung
segnen, der alles nach seiner Weisheit re-
giert und führt.

Prinz Magnus.

Vermutlich wird die Jülich- und Clevi-
sche Succeßions - Sache den Churfürsten

von Sachſen auf Kaiſerlicher Seite behalten.

Marggrav.

Ich weiß wohl, daß dieſe Sache Chur-
Sachſen wie Chur-Brandenburg unthä-
tig macht. Beede ſuchen deswegen das
Reichs-Oberhaupt zum Freund zu behalten. Dadurch wird aber deßen Gewalt
verſtärkt, und der Sequeſter dieſer anſehn-
lichen Herzogtümer, die Erzherzog Leopold
ſo unvermutet bewürkt, begünſtigt. Dann
niemand kann entgehen, wie viel Vorteile
dadurch dieſem Hof im Herzen Teutſch-
lands bei dieſen Unruhen zugehe. Sollte
Ferdinand, das GOtt verhüten wolle, ſeine
für die Reichsſtände ſo traurige Abſichten
erreichen, wird Er alsdenn dieſe Herzogtümer an Brandenburg oder Sachſen abtreten, und nicht vielmehr, wie der Löw
in der Fabel theilen?

Prinz Wilhelm.

Das könnte wohl ſo geſchehen.

Marggraw.

Mir bleibt also die Unthätigkeit dieser Churfürsten unbegreiflich, und ich sehe unser liebes Teutschland in der traurigsten Lage — Aber sehe ich nicht den Burgermeister von Pforzheim mit einigen Gefangenen? (zu Herrn von Helmstädt) gehen sie, Herr General, und sagen sie ihm, daß er gleich hieher komme; (General von Helmstädt ab) Vielleicht kann er uns sagen, ob Tilly es wagen wird, uns anzugreifen. Wir sind in Verfaßung, ihn wohl zu empfangen.

Vierter Auftritt.

Die Vorige. Der Burgermeister.

Burgermeister.

Ich habe die Ehre, Euer Durchlaucht die dortige Gefangene zu präsentiren. Jener dort ist Rittmeister, die andere sind Gemeine. Wir begegneten einander, gien-

gen ohne viele Umſtände auf einander loß,
und, obſchon uns der Feind an Anzahl
überlegen war, ſo würkten doch unſere
Palläſche mehr, als die Huſaren-Säbel.
Dreiſig vom Feind blieben auf dem Plaz;
von denen Unſrigen ſind nur wenige leicht
verwundet. Der Anführer von der feindlichen Partei wollte ſich nicht gefangen geben,
ich mußte ihn alſo wider meinen Willen
vom Pferd ſchießen.

Marggrav.

Ihr habt alſo einen glücklichen Ritt gethan. Habt ihr auch Beute gemacht?

Burgermeiſter

Nebſt denen 7 Mann haben wir 10.
Pferde eingebracht; darunter iſt ein ſchöner Ungar, den der kommandirende Officier geritten, der ſich nicht ergeben wollte,
ſcheint ein treflicher Läufer zu ſeyn, und,
ob er wohl am Kopf ein wenig wund,
würdig, von Euer Durchlaucht geritten zu
werden, und ich bin ſo frei, Höchſtdenen-

selben ein Geschenck damit zu machen, da
er meine besondere Beute ist.

Marggrav.

Ich nehme das Pferd zum Andenken
seines Wohlverhaltens an. Habt ihr sonst
etwas vom feindlichen Vorhaben vernommen?

Burgermeister.

Die Gefangene sagen, daß General Tilly
Anstalten mache, Euer Durchlaucht im
Lager anzugreifen. Doch können sie das
vom Rittmeister selbst vernehmen.

Marggrav.

Bring er ihn hieher! (Burgermeister ab)
Tilly wird mich zu Hauß finden. (zum
General von Helmstädt und Grav von Solms)
Sie, Herr Grav, befehlen, daß alle Regimenter beim ersten Allarm-Schuß auf
ihre angewiessene Posten zu stehen kommen

men. Sie aber, Herr von Helmftädt, daß die Artillerie unverzüglich, wie ich heute fchon befohlen, ranfchirt und zur Bataille aufgeführt werde. Und daß die Canoniers nicht von ihren angewiefenen Poften weichen.

Fünfter Auftritt.

Aufer beeden Generals. Die Vorige. Burgermeifter. Rittmeifter von Grodno.

Marggrav.

Von welchem Regiment ift er, Herr Rittmeifter?

Rittmeifter.

Ich, Freipartie. — Kein Regiment. —

Marggrav.

Ihr werdet gefühlt haben, daß ich brav de Leute habe.

D

Rittmeister.

Ja brave Leut — brave Leut. — Wir
aber auch brav. —

Marggrav.

Was macht sein Herr General?

Rittmeister.

Er wird glei komm! — Selber komm —
und mi frey mach. — Er marschier schon.

Marggrav.

Würklich jetzt?

Rittmeister.

Ja jetzt! — Er wird bald da seyn —
Alles ist Aufbruch. — Wir wenig Stund
voran! — die Armee bald nachkomm. —

Marggrav.

So gebe er ihm entgegen, Herr Rittmeiſter, und ſage er ihm, daß ich ihn
mit Vergnügen erwarte.

(Hier hört man einen Kanonenſchuß und
gleich darauf mehrere.)

Rittmeiſter.

Iſt ſchon da — Herr! — Iſt ſchon da.

(alles ab.)

Burgermeiſter.

Kommen Sie, Herr Rittmeiſter, ich
will Ihnen ein Quartier anweiſen. Sie
ſollen heut Zeuge ſeyn, daß mein Herr
tapfere Leute habe.

(mit Rittmeiſter ab.)

(Man hört darauf mit Trommeten Porcell
blaſen und Allarm trommeln. Darauf ſieht man, wo nehmlich Militair iſt, die 4 Compagnien Pforzhei-

mer mit vorangehender Feldmusick
über das Theater marschiren, das wenige Mannschaft thun kann, die sich
immer wieder hinten anschließt, und
nur bey denen folgenden Compagnien
die Feldmusick wegbleibt und die Officier abwechseln. Das Kanoniren geht
fort, und die Musick des Orchesters
stellt das Schießen von ferne vor.

Ende des ersten Aufzugs.

Zweiter Aufzug.

(Die Kanonade dauert fort, wie auch das Schiesen mit dem kleinen Gewehr, das vorgestellt werden muß, als hör-te man es von fernher, so, daß die Redende nicht dadurch verhindert wer-den.

Erster Auftritt.

Sophie. Margret.

Margret, weinend.

Du magst mir sagen, was du wilt, der Krieg hat viel schreckliches. Welche Freu-de macht denen Eltern die Geburt eines Söhnleins? Mit welcher Mühe und Sorg-falt ziehen sie es auf? Das Vergnügen nimmt mit seinem Wachsthum zu. Es erlangt das männliche Alter; die Eltern sehen grössere Wonne in künftigen Tagen. Es entsteht ein Krieg. Der hofnungsvolle

Sohn muß den Feldzug mitmachen; da
verschwinden auf einmal alle freudige Aussichten; Ein unglücklicher Augenblick legt
ihn in Staub; dann tritt der mütterliche
Schmerz an die Stelle der wonnereichen
Hofnung, der alles überwiegt. Welch
grausame Werkzeuge, die Menschen zu zer-
nichten! Welch entsetzliche Würkung der
mörderischen Kanonen! Welch abscheuli-
cher Anblick, Köpfe, Aerme und halbe
Körper durch sie im Feld umher schleudern
zu sehen, wie wir es mit angesehen.

Sophie.

Gleichwohl sterben die so getroffene leicht.

Margret.

Das mag seyn. Aber es ist dennoch
entsetzlich. Vor Zeiten konnte doch der tapfere Mann auf seine Stärke sich verlassen,
sich seiner Haut wehren und mit dem
Schild vor Pfeil und Wurfspieß verwahren
und wann er ja verwundet wurde, noch

allenfalls geheilt werden; aber seit dem
diese Mordinstrumenten erfunden sind, die
gleich dem Donner alles danieder stürzen,
nüzt keine Stärke mehr; der lüderlichste
Kerl streckt den tapfersten Mann ins Gras.

Sophie.

Das ist wahr! aber höre Linzin, mein
Mann liest Bücher, die ich nicht verstehe,
wenn ich schon hineinsehe; ich fragte ihn
einst, was das für Bücher seyen und ob
er sie verstehe? da antwortete er mir, die
Bücher seyen lateinisch und enthalten die
römische Geschichte und erzehlte mir daraus, wie ein Afrikanisches Volk, dessen
Namen mir entfallen, mit den Römern
in Italien um die Herrschaft der Welt einen langwierig. blutigen Krieg geführt,
und da seye es zu einer Schlacht gekommen, in welcher 40 tausend Römer geblieben, und der Afrikanische General habe 2
Säcke voll goldene Ringe, die nur die
Edle tragen durften, nach Afrika geschickt,
die er denen umgekommenen abziehen laß

sen. Und es wurde damal nur mit Schwerdt, Pfeil und Wurfspießen gestritten.

Margaret.

Das begreiffe ich nicht.

Sophie.

Mein Mann sagt, daß zu jenen Zeiten die Feldschlachten immer blutiger gewesen als jetzt, weil sie mehrentheils nach dem Geschoß zum Schwerdt grieffen, und dann die Mörderey entsetzlich wurde, und so lange dauckte, bis ein Theil den andern aufgerieben; das heutige Schiesgewehr tödte zwar viele Menschen in der Ferne, aber man gerathe selten mit dem Schwerdt aneinander, das immer mit einer Art von Wuth begleitet seye, sondern ziehe sich lieber bey Zeiten in Ordnung zurück; daher Schlachten, in denen 4 bis 8 tausend auf beeden Seiten bleiben, schon sehr wichtig seyen.

Margret.

Nun begreife ich es ganz wohl. Aber
es ist gleichwohl fürchterlich, so viel ver-
goßenes Menschenblut vor Gott zu verant-
worten. Eine einzige Schlacht, wie vielen Jammer verbreitet sie an allen Enden
und Orten? der Krieg ist ein schreckliches
Ungeheuer.

Sophie.

Mein Mann sagte mir, daß so wenig
die Thiere im Meer ohne Ebbe und Fluth
leben könnten, so wenig wäre es der jetzt
lebenden Welt vorträglich, ohne Krieg zu
seyn.

Margret.

Was ist Ebbe und Fluth!

Sophie.

Das will ich dir sagen, wie es mir
mein Mann erklärt: Ebbe und Fluth sei-

gen sich an denen Ufern des Meers, von
dem weder du noch ich was gesehen. Alle
6 Stund wallt das Meer daher und
ströhmt wo kein Damm ist in das Land
hinein und wirft sehr viele Seethiere aus;
die Ebbe ist, wenn die Fluth wieder zurück geht; da es dann viele Fische und
Muschlen zurück läßt, die die Menschen
sammlen. Ohne diese wohlthätige Bewegung müßten alle Creaturen im Meer
sterben.

Margret.

Aber wie kann ich dieses Gleichniß auf
Krieg und Frieden reimen?

Sophie.

Wir würden wahrhaftig die großen
Wohlthaten Gottes, so er uns durch den
lieben Frieden schenkt, nicht erkennen, wenn
uns Gott nicht manchmal die Schrecken
des Kriegs fühlen ließe. Bey einem lang
dauernden Frieden, da eine ganze Nach-

kommenschaft nichts von denen Drangsalen
des Kriegs erfährt, werden die Menschen
sicher, verlassen sich auf eigene schwache
Kräften, ihr Vermögen, Macht und Gewalt, schreiben diese ihrem Verstand, Witz
und Arbeit zu, mißkennen die Güte Gottes, verachten und unterdrücken durch Ungerechtigkeit ihren Nebenmenschen, und in
ihren Augen ist der Arme eine Creatur,
die zu mißhandeln, sie berechtigt zu seyn
glauben; die Nächstenliebe ist erkaltet, und
Eigennutz und Eigenliebe glühen wie feuer-
speiende Berge. Der Stolze und Reiche
glaubt, nichts könne ihn von seiner einge-
bildeten Höhe herab stürzen. Aber es entsteht ein Krieg; der Reiche ist um alles
bekümmert; er sucht seine Schätze zu ver-
graben. Häuser und Geräthschaften kann
er nicht verbergen. Der Feind kommt,
und mit ihm die Zeit der Vergeltung.
Man verbirgt sich in Wäldern und Klüf-
ten. Der Feind plündert des Reichen
Haabe, findet seine vergrabene Schäze und
verwandelt sein Hauß in Asche, der Reiche sieht
sich also in wenigen Tagen dem Armen gleich

gemacht. Dieser hat nichts zu verliehren. An
geringe Kost gewöhnt, nähren ihn Eicheln,
Wurzeln und Kräuter, er ist glücklicher als
der gewesene Reiche, der die Mit-
tel nicht einmal kennt, die seinen bellenden
Hunger stillen könnten. Er sieht den vor-
mal verachteten Armen und seine Familie
in dem ihm unausstehlichen Jammer,
stark, gesättigt, nervigt, sich aber ausge-
zehrt. Genötigt nimmt er seine Zuflucht
zum Armen, und bittet ihn, die Nah-
rungsmittel zu entdecken, womit er sich
und die Seinige erhalten. Der Arme
entdeckt sie ihm gutherzig, und rettet seinen Verrächter vom Hungertod, der nun
unter den Armen sich weit herab gesezt
sieht. Siehe, Linzin, so macht Unglück
und Elend die im Frieden erkaltete Freund-
schaft und Menschenliebe wieder aufleben.
Der Stolze erkennt, daß die zeitliche
Glückseeligkeit allein in den Händen des
Allmächtigen stehe, der die Nahrung seines Stolzes ihm in einem Augenblick nehmen könne. Er erkennt, daß man seinen
Neben-Menschen, so arm, so klein und

niedrig er auch ift, nie verachten solle;
daß der Bettler auf der Strafe der Rot-
ter seines Lebens zufälliger weise seyn könne. Alle diese Veränderung, diese heilsa-
me Lehren und Unterricht gibt denen Menschen der verderbliche Krieg. Viele dergleichen Beispiele haben mir meine Voreltern in denen Winternächten erzehlt, welche unzertrennliche Neigung und Freund-
schaft der allgemeine Jammer, das Gefühl des Elendes stiffte; erzehlt, mit welcher Herzenswärme sich alsdenn die Menschen in der allgemeinen Noth beistehen.
Und so wird meines Mannes Gleichniß
paßen: Die Fluth wirft die See-Ein-
wohner an das Ufer, da sie ihren Tod
finden, indem sie Millionen andere durch
diese wohlthätige Bewegung das Leben erhaltet; der Krieg rafft viele Menschen
hinweg, beßert aber auch Millionen.

Margret.

Das ift wahr, wer die Drangsale und
Schrecken des Kriegs nicht erfahren, weiß

die Wohlthaten des lieben Friedens nicht
zu schäzen. Wie kann er GOtt um diesen danken, und mit Innbrunst um Ab-
wendung des verderblichen Kriegs bitten,
deßen Folgen er nicht kennt? Und wie
schwach ist nicht der aufgeblaßene Mensch,
die fortdaurende Glückseligkeit zu ertragen?
Indeßen werden doch die grose Herren
GOtt von allem dem Jammer Rechen-
schaft geben müßen, den ihr Ehrgeiz unter denen Menschen anrichtet.

Sophie.

Unser Marggrav und seine Allierte
vertheidigten sich nur, wie man sagt, gegen die gefährliche Absichten des Feindes;
und die Verantwortung wird einst auf diesen fallen. Blos der Haß gegen die Un-
katholischen gab zu diesem verderblichen
Krieg Anlaß, indem man denen Hußiten
in Böhmen tausend Kränkungen gegen den
Majestäts-Brief bewießen, und sie veran-
laßt, nach Kaiser Matthias Tod einen
protestantischen Fürsten in der Person

Friedrichs vom Pfälzischen Hauß sich einen
König zu erwählen.

Margret.

Was sind dann die Hußiten für Leute?

Sophie.

Johannes Huß sahe schon vor 200
Jahren ein, daß der damalige Gottesdienst mit Aberglauben und Irrtümer an-
gesteckt seye, das denen Monarchen und
Regenten selbst nicht unbekannt war. Er
widersezte sich also denen Mißbräuchen,
die die Mönche eingeführt hatten, wider-
legte die Irrtümer, und brachte den
Gottesdienst dem Unverdorbenen der ersten
christlichen Kirchen etwas näher. Hieroni-
mus von Prag unterstüzte ihn darinn,
und die Böhmen fielen seinen Lehren begie-
rig bei. Da überdas 3 Päbste zugleich
regierten, die einander wechselweise in
Bann thaten, so sahen sich die christli-
che Regenten, um diesem Aergernuß zu

steuren, genöthiget, ein Confilium zu Coſtanz
zu halten, und Kaiſer Sigismund gab
dem Johannes Huß Befehl und ſicher
Geleit, auch dabei zu erſcheinen. Huß
vertheidigte daſelbſt ſeine Lehrſäze gegen
alle Theologen öffentlich, und da die leztere ihm nichts anhaben konnten, ſo bere-
deten ſie den Kaiſer, das ihm gegebene
Sicherheits-Geleit aufzuheben, und ihn
ins Gefängnuß ſezen zu laßen; worauf ſie
ihn als einen Kezer verdammt- und zum
Scheiterhaufen verurteilten; das Urteil
wurde an dieſem Mann mit auſſerordent-
lichem Pracht vollzogen, und nie hatte
ein Sterblicher ein ſo vornehmes und ſo-
lennes Leichbegängnuß, wie er: denn alle
gegenwärtige Fürſten, Graven und Herren,
Cardinäle Erz- und andere Biſchöffe, Prä-
laten, Aebte und Doctores begleiteten ihn
auf den Richtplaz, Huß aber ſtarb ſtandhaft, wie nachmals ſein Jünger, Hieroni-
mus von Prag zu Baſel. Deren Tod zu
rächen, fiengen ihre Glaubensgenoßen in
Böhmen einen langwührigen Krieg an,

✦

verheerten Böhmen, Mähren, Schlesien, Sachsen und Brandenburg, siegten mehrentheils gegen die ganze Macht des Römischen Reichs, so, daß man mit ihnen Frieden machen und sie bei ihrem Glauben laßen mußte. Ihre nachfolgende Könige, die sie sich aus dem Erzhauße Oesterreich erwählten, suchten diese Leute hernach durch bürgerliche Bedruckung zu schwächen, und sie nach und nach zu vertilgen. Wie sich denn dieses Hauß durch seine Intoleranz iederzeit unendlichen Schaden zugefügt, dadurch zu einer neuen Empörung gereizt, warfen sie Kaiser Ferdinands Gesandte aus denen Fenstern des Schloßes zu Prag, und erwählten den Churfürsten in der Pfalz zu ihrem König.

Margret.

Der Kaiser Sigismund muß ein schwacher Mann gewesen seyn, daß er sich be-

E

reden liese, sein Kaiserliches Wort zu bre-
chen.

Sophie.

Es verdunkelte auch seinen Ruhm sehr
stark; da ihn aber die Theologen versicher-
ten, daß man keinem Kezer Wort halten
dürfe noch solle, so ließ er sich durch das
Consilium leicht hierzu bereden.   Carl
der 5te hingegen hielt dem Luther sein
gegebenes Wort nichts desto weniger zu
Worms Kaiserlich.

Margret.

Aber das Canoniren läßt nach, und ich
sehe den Jacob kommen, GOtt, wird er
uns freudige oder traurige Nachrichten
bringen.

Zweiter Auftritt.

Die Vorige. Jacob.

Sophie.

Wie geht es bei der Schlacht, Jacob?

Jacob.

Der Feind hat sich zurück gezogen und die Canonade hat ein Ende.

Sophie.

Und unsre Pforzheimer?

Jacob.

Sie stunden im zweiten Treffen, und die Kuglen erreichten sie nicht. Unsere Armee hat überhaupt wenige Leute verlohren, dagegen unsre Canonen herrliche Würkung thaten, so, daß sich der Feind mit grosem Verlust zurück ziehen mußte.

E 2

Der Herr Burgermeister und die Herren
Hauptleute werden selbst hieher kommen,
indem sie das Commando ihren Lieute-
nants überlaſſen, und wollen, da die Hize
auſſerordentlich ſtark iſt, hier miteinander
ein Glas Wein trinken.

Sophie.

Das werden ſie wohl bedürffen.   Iſt
ihnen erlaubt, ihren Poſten zu verlaßen?

Jacob.

Der Marggrav hat allemal der Hälfte
eines Corps erlaubt, ſich zu erhohlen, und
dann die andere Hälfte auch abzulößen.

Margret.

GOtt ſey ewig dafür geprießen, ſo ſehen
wir dann unſere liebe Männer wieder.

Sophie.

Geh, Jacob, bring Stühle, einen Tisch und reine Gläßer hieher. Ich will hingehen und einen guten Ellmendinger Wein aufstellen. Es will schon was heißen, so lange gegen den Feind in der Hize zu stehen. Wenn sie sich denn erfrischt haben, und der Feind noch einmal angreifen sollte, so können sie ihre Schuldigkeit desto beßer thun. (mit Jacob ab)

Dritter Auftritt.

Margret.

Wenn ich doch nur auch so viel Mut als dieses Weib hätte! Die grose tägliche Gefahr, in der unsere Männer stehen, macht sie nicht beben. Doch, was helfen auch die kümmerliche Sorgen? Die Angst hindert keine traurige Zufälle, die uns treffen sollen. Und treffen zum Glück diese vermutete Zufälle nicht ein, so hat man sich gleichwohl vergeblich gegrämt. Wie sehr wünschte ich der Sophie Leichtsinn oder Standhaftigkeit, was es auch ist, zu haben!

Vierter Auftritt.

Margret. Jacob, der den Tisch und Stühle sezt.

Sophie, die einige Flaschen Wein bringt.

Sophie.

Geh! Jacob, bringe den Käß und Rettich, und das im Zelt zurecht gelegte Brod auch hieher. Wir wollen unsern braven Männern Gutes thun, so lange wir sie haben. (Jacob ab)

Margret.

Hah, ich sehe sie kommen, und meinen lieben Linz ohnverlezt unter ihnen. (lauft hinter die Scene ihrem Mann entgegen.)

Sophie.

Während Jacob das verlangte bringt, und
sie auftischt:

Die Männer = Närrin! Wie sie ihrem
Mann entgegen hüpft, als wenn noch
ein Jahr verliefe, bis er hieher käme.

Fünfter Auftritt.

Burgermeister, Hauptmann Linz,
Hauptmann Wildersinn, Hauptmann
Meier, Hauptmann Günter, Sophie.
Margret.

Margret, noch hinter der Scene.

GOtt Lob, ich habe dich wieder, lie=
ber Linz, ich kann dich unverletzt wieder um=
armen!

Hauptman Linz mit seinem Weib und den andern Officiers eintrettend.

Ja liebe Margret, wenn's heute nicht ärger hergeht, so wirst du noch nicht Wittwe.

Sophie.

ihre Zurüstungen ungehindert fortsezend.

Ich sehe euch Herren mit Vergnügen gesund und wohl aus der Canonade kommen; und auch dich lieber Burgermeister. Kommt sezt euch; ihr seid müd und erhizt: eßt vorher einige Bißen, und dann löscht euren Durst.

Burgermeister.

Brav, liebe Sophie, du bist ein gutes Weib, daß du alles so nach unserm Wunsch für uns hier aufgetischt. Fort, zugegriffen, meine Herren nach Feldmanier! wir wissen ohnehin nicht, wie lange uns Tilly Zeit lassen wird. Ich glaube nicht,

daß es bey dieser Canonade bleiben wird,
wohl aber, daß wir noch einen Besuch
bekommen werden.

Hauptmann Wildersinn.

Seine Canonen haben uns wenig ge-
schadet; es hat mich gedeucht, sie seyen
schlecht bedient gewesen.

Hauptmann Meier.

Die Unserige schlagen hingegen besser
durch. Ich sahe einen von unsern Canonier fleißig losbrennen, und allemal machte es eine grosse Lücke unter den feindlichen Truppen; der Mann hat viel zum
Rückzug des Feinds beigetragen, einige
andere aber schoßen zu hoch.

Hauptmann Günter.

Indessen kommt es bey einer Schlacht
sehr viel auf die Geschicklichkeit dieser Leute an. Einen ungeschickten oder nachläß-
gen Canonier sollte man gleich. . . . .

Burgermeister.

Warum nicht aufhängen? — glaubst du
dann, Hauptmann, daß man mit denen
Canonen eben so umgehen könne, als mit
unsern Musketen. Ein Haar Absehen kan
da vieles ausmachen. Das Puzen, die
Ladung, das Pulver, die Hize, alles
macht da einen Unterschied, und lieber
Himmel, wenn alle Kuglen träfen, wo
wären wir? wer wollte Soldat seyn?

Hauptmann Linz:

Wir aber sind keine Soldaten, sondern
leben als brave Männer für unser Geld
und streiten wie Löwen für unsern Marggraven.

Burgermeister spöttisch.

Ah hah! Nun weiß ich, warum uns
Tillys Pillen nicht erreicht, wären wir
Soldaten gewesen, denn würden wir sie
auch zu kosten bekommen haben. Nicht
wahr, Linz?

Hauptmann Linz.

Davon wird Tilly keine Notiz genommen haben.

Wildersinn.

Das uns aber der Marggrav immer ins zweite Treffen stellt!

Burgermeister.

Das ist leicht zu begreiffen! Die Römer stellten ja immer auch die geringste voran. Sie nannten diese Velites. Hatten Bögen, Schwerdt, Wurfspieße und kleine Schilde. Konnten diese nicht zu recht kommen, so mußten die Hastati vorrucken, die hatten Spieße, Schilde und Schwerdt. Gieng es da noch nicht, so kam es an die Principes. Konnten auch diese den Feind nicht in die Flucht treiben, dann mußten die Triarii, das lauter starcke und versuchte Leute waren, den lezten Versuch machen. Daher die Römer

sagten, wenn eine Feldschlacht schwehr
gewonnen wurde: res ad triarios rediit.
Es ist also Ehre für uns, daß wir auf-
behalten werden, wenn andere den Feind
nicht schlagen oder zurücktreiben können.
Habt ihr nicht zu Wisloch gesehen, als
das Landenbergische Regiment weichen
wollte, daß der Marggrav auf uns her-
gesprengt kam, und befahl, dieses Regiment zu unterstüzen, und wir den Feind
alsdann nicht nur zurucktrieben, sondern
auch in Unordnung brachten, so daß die
Cavallerie einhauen konnte? Ich bin recht
Stolz auf diese Anordnung.

Günter.

Zu Wisloch gieng es gut, wenn es
nur auch hier so ausfällt.

Burgermeister.

Das kommt meist auf unser Verhalten
und auf die Zufälle an, die man nicht
allemal voraus sehen noch verhüten kann.
Wenn jeder bei der Armee denkt, wie

wir, dann wird es Tilly gewiß empfinden. (hebt das Glas auf) Siegen oder sterben, meine Freunde!

Alle.

Siegen oder Sterben. (sie trinken) Es lebe Georg Friedrich!

Linz.

Das hat geschmeckt, meine Herren, eine schöne Gesundheit, ein guter Wein, und der Durst sind wohl herrliche Dinge für den Gaumen.

Sechster Auftritt.

Marggrav. Die 2 Prinzen von Sachsen-Weimar. Prinz Magnus von Würtemberg, General v. Helmstädt. Herr v. Kippur. Die Vorige.

Marggrav.

(Die Pforzheimer springen auf, als sie den Marggrav sehen.) Brav, liebe Männer.

Ich danke euch für eure Gesinnung! laßt
euch nicht ſtöhren! Eßt, trinkt und erquickt euch! Wir bekommen vielleicht heute
noch mehr zu thun. Ich bin ſelbſt dur-
ſtig. Gebe er mir ein Glas Wein, Burgermeiſter! Bleib ſie, Burgermeiſterin;
Ich will aus ihres Mannes Glas trinken.

(Die Burgermeiſterin präſentirt das volle Glas.)

Marggrav.

Es leben alle brave Pforzheimer! (trinkt,
und die Pforzheimer bücken ſich tief.) Ich würde das Glas weggeworfen haben, ſo lieb
iſt mir dieſe Geſundheit, aber die Ge-
räthſchaften im Lager ſind oft rar. Ich
bliebe gerne länger bey euch, liebe Männer, aber heute darf ich nicht viel feyern.
Lebt wohl, liebe Leute!

(Der Marggrav und die Prinzen gehen ab.)

Siebenter Auftritt.

Auſſer dem Fürſten die Vorige.

von Rippur.

(Den von Helmſtädt zurückhaltend.)

Ich beſchwöhre dich, Helmſtädt, gib mir 500 Mann, 2 Kanonen und eine Haubize, um dieſen Berg (weiſt ihn mit der Hand.) damit zu beſezen; da werde ich gegen den Feind, wann er wieder kommt, mehr ausrichten, als die halbe Armee!

Gen. v. Helmſtädt.

Du haſt recht Rippur, ich habe dein Verlangen auch dem Marggraven ſchon geſagt, aber Er befürchtet, der General Tilly möchte dann gar allen Luſt verliehren, ſich mit uns zu ſchlagen, weswegen man auch das Lager nicht befeſtigen durfte. Den Tilly aber in ſeinem Lager ſelbſt anzugreifen, läßt ſich nicht thun und immer ſo ſizen, will der Marggrav auch nicht; ſon-

dern den Feind reizen , um Schläge zu
hohlen.

von Rippur.

Aber doch ist und bleibt es gewiß, wer
den Berg dort besezt, gewinnt die Schlacht,
besezt ihn der Feind, so ist er in der Re-
tirade dadurch bedeckt, und wir können
ihn nicht verfolgen, ohne daß die auf dem
Berg uns in die Flancke schiesen. Besezen wir ihn aber heimlich, und diese Gelegenheit gibt uns der Wald, so kann man
des Feindes Flancke mit ausserordentlicher
Würkung bestreichen.

Gen. v. Helmstädt.

Die Sache ist ausser Widerspruch! aber,
wenn der Marggrav nicht will, kann und
darf ich es thun?

von Rippur.

So mache doch wenigstens hievon noch
einmal den Vortrag in meiner Gegenwart,
so

so will ich dich unterstüzen und die weimarische Prinzen auch auf meine Seite stehen.

von Helmstädt.

So komm, Rippur, um keine Zeit zu verliehren. Adieu, meine Herren!

Achter Auftritt.

Auſſer Helmstädt u. Rippur die Vorige.

Burgermeiſter.

Der Herr von Rippur hat, bei meiner Seele, recht, und es wäre zu wünschen, daß der Marggrav den Vorschlag genehmigte.

Linz.

Aber der Herr nimmt dergleichen Vorschläge nicht gern an. Es muß alles nach seiner eigenen Einrichtungen gehen.

F

Burgermeister.

Und das mit grofem Recht. Ein Feld-
herr hat immer feine Gründe, warum er
das thut und jenes unterlaßt, die er nicht
allemal entdecken kann noch darf. Aber
munter meine Freunde, weil wir noch
Zeit haben, das verfäumte nachzuhohlen.
Der gnädige Fürst hat fogar der Pforzheimer Gefundheit getrunken. Wer follte
für einen folchen Herrn nicht Leib und
Blut auffetzen? zugegriffen meine Herren
Reichs- und Religionsfreyheit!

Alle.

Reichs- und Religionsfreiheit!
(Sie trincken.)

Meier.

Mir vergißt die Gefundheit des Marggraven in meinem Leben nicht, Er hörte,
wie wir riefen: Siegen oder Sterben, Es
lebe Georg Friedrich! und das vergnügte
den lieben Herrn.

Günter.

Und wir wollen bey der nächsten Gelegenheit zeigen, daß wir's im Ernst gemeint.

Linz.

Die dürfte nicht lange ausbleiben. Denn wir sind nun einander schon in den Haaren.

(Kanonenschüsse hintereinander.)

Burgermeister.

Pomb! da ist die Prophezeihung erfüllt. Noch eins in Eile meine Freunde, und dann rasch zur Schlacht.

(Sie trincken noch eins schnell aus.)

Margret, weinerlich.

Und du wilt ohne Abschied wegeilen, lieber Linz? vielleicht sehen wir uns einander das leztemal!

F 2

Linz, sein Weib umarmend.

Gott schüze mich, und dich, liebe Margret!

Sophie, zum Burgermeister.

Auch dich, lieber Mann! Sey ein Mann für das Recht und die Ehre deines Fürsten. So Gott will, umarme ich dich als einen Vertheidiger deines Vaterlandes. Geht Männer! und kommt mit Ruhm gekrönt zurück!

Burgermeister.

Wir werden unsre Schuldigkeit thun! schicke mir, liebe Sophie, mein Pferd nach, daß ich, im Fall der Marggrav mir Befehl ertheilen sollte, damit versehen seye.

(ab.)

Neunter Auftritt.

Sophie. Margret. Jacob.

Sophie.

Linzin, du weinst?

Margret.

Und du Burgermeisterin, kannst deinen
Mann mit trocknen Augen in den Tod
gehen sehen?

Sophie.

Nein, nicht in Tod, sondern dahin,
wohin ihn Ehre und Pflicht rufen. Kommt
er nicht wieder, dann find' ich freylich Ursachen genug, seinen Verlust kläglich zu
beweinen. Mein Trost soll darinn bestehen,
daß er auf dem Bette der Ehre gestorben.
Glaubst du dann, Linzin, daß meine Seele nicht bebe, wenn ich an die Möglichkeit
denke, einen solchen Mann zu verliehren,

wie der meinige ist, den ich nicht nur liebe, sondern auch verehre.   Ich verbanne
deswegen den Gedancken.   Und warum
sollen wir mit solchem Gedancken die Freude unterbrechen, mit welcher wir unsere
tapfere Männer mit Ehr und Ruhm be-
krönt aus der Schlacht wieder zu umarmen hoffen? Muthig und standhaft, Linzin! Laßt uns denen Weibern der alten
Teutschen nachahmen, und der Schlacht
selbst beywohnen! Laßt uns Zeugen von
der Tapferkeit unserer Männer seyn und
dann erst weinen, wenn wir es Ursache
haben.   Räume hier auf, Jacob, und
bringe alles ins Zelt, und dann deinem
Herrn sein Pferd!

(ab.)

Margret.

Welches Weib! Gott, schenke mir doch
gleichen Mut!

Ende des zweyten Aufzugs.

Dritter Aufzug.

Wie der zweyte.

Erster Auftritt.

Sophie. Margret.

Margret.

Ohnmöglich kann ich länger zusehen, daß man Menschen, wie die Hunde todschießt und die Verwundete noch zu tod tritt. Alles, was ich sah' ist barbarische Wut und Unmenschlichkeit. Die Verwundete krümmen sich im Staub, sie rufen und ächzen, ohne gehört zu werden, und wenn sie auch durch schleunige Hülfe noch gerettet werden könnten, so läßt man sie verbluten und hülflos sterben.

Sophie.

Wer weiß nicht, daß der Krieg an und vor sich eine Quelle der Raserey ist, und es da nicht anders zugehen könne? Bey allen Schrecken und Sorgen für unsere liebe Pforzheimer hatte ich das Vergnügen, daß der Marggrav, als das Solmsische Regiment weichen wollte, seine liebe Pforzheimer vorrücken ließe.

Margret.

Wie? das vergnügte dich, was mein ganzes Blut stocken machte?

Sophie.

Und dieses Vertrauen des Marggraven sollte mich nicht gefreut haben? Hast du nicht gesehen, daß, sobald diese mit dem Feind sich einließen, dieser mich und so gar in Unordnung geriet?

Margret.

Das wird aber so leer nicht abgehen, daß nicht mancher Pforzheimer vielleicht mein oder dein Mann da seinen Tod finde.

Sophie.

Ich hätte fast gesagt, was die Feinde wären, wenn sie ihre Schuldigkeit versäumten! unsere Männer haben ja nur desto mehr Ehre davon, wenn sie einen sich tapfer vertheidigenden Feind besiegen.

Margret.

Und du vergißst, daß um so mehr Wittwen und Waysen in Pforzheim den Verlust ihrer Männer, Väter und Versorger beweinen, und ihre Klagen gen Himmel schicken?

Sophie.

Und du vergißst, die Pflicht und Schuldigkeit, für ihren Fürsten und Vaterland

zu ſtreiten, in die andre Waagſchaale zu
legen, die ich dir heute mehrfältig erklärt.

Margaret.

Traurige Pflicht, das Liebſte in der Welt
jeden Augenblick verliehren zu können, und
dann ſich ohne Verſorger zu ſehen.

Sophie.

Eitle Antwort! Iſt nicht der im Himmel wohnt, der auch für den Wurm ſorgt,
größer als der ohnmächtige und gebrechli-
che Menſch, den wir Verſorger nennen?
Sind Wittwen und Wayſen nicht ſchäz-
barer als der Wurm? Wird der aufhören,
für die zu ſorgen, die ihn darum anzuru-
fen um ſo mehr Recht haben? Liebe Linzin, wie tief ſinckſt du durch Mistrauen
auf Gottes Vorſorge und Liebe herab!

Margret.

Ich erkenne meine Kleinmüthigkeit, und
daß du recht haſt, Burgermeiſterin! Gott

verforgt die Wittwen und Wayſen! Und
wir ſchwache Menſchen ziehen öfters das
ſichtbar ohnmächtige der Allmacht und Güte Gottes vor.

Sophie.

Ja, Gott ſorgt insbeſondre für die, deren Männer für den Staat, Fürſten,
Freiheit und Religion ſich aufopfern, und
die Unſrige werden, wenn ſie in ihrem
Beruf ſterben, einen ſchönen Wechſel thun.

Margret.

Aber Sophie, kann man denn auch mitten in wechſelſeitiger Wuth und Morden
ſeelig ſterben? mir hat dieſer Gedanke
ſchon manchen Kummer erweckt.

Sophie.

Unſre Voreltern waren ſchon verbunden, mit denen Herzogen in Schwaben
ins Feld zu ziehen. Gleichen Dienſt ſind

sie nun auch denen Herren Marggraven zu leisten schuldig. Ihnen kommt es nicht zu, die Gerechtsame ihrer Fürsten zu untersuchen, sondern ihrem Beruf zu folgen. Wir wißen aber, daß unsers geliebten Marggravens Sache eine gerechte Sache sey, und für diese streiten unsre Männer. Wenn einer oder mehrere von einem oder mehreren, die sie nicht beleidigten, auf Leib und Leben angegriffen werden, sich genötigt sehen, sich zu wehren und in dieser Nothwehr ihre Angreifer tödten, so kann denen Angegriffnen keine Schuld beygemessen werden; demnach kann das gerechte und allgütige Wesen die Nothwehr unserer Männer für keine Sünde aufrechnen.

Margret.

Wenn aber des Marggravens Sache ungerecht wäre?

Sophie.

Dann fiel die Verantwortung auf ihn; Aber ganz Europa erkennt sein Recht; und

aller Kränckungen und anderer Gründe zu
geschweigen, so ist's die Kränckung des
Paßauer-Traktats, so unsern Marggraven nöthigt, die Waffen zu ergreiffen.

Margret.

Aber warum will denn der Kaiser unsere Religion kränken, die doch Liebe und
Frieden predigt, und diese Religions-Ver-
wandte ihn nicht beleidigten.

Sophie.

Die Monarchen und Fürsten sind oft
an derlei Religions-Verfolgung nicht so
schuld, als wir glauben.   Sie werden
durch böse Rathgeber, die durch die römische Curie an denen Höfen gehalten werden, hierzu verleitet.

Margret.

Was ist aber die römische Curie?

Sophie.

Diese ist von dem Pabst und Cardinä-
len wohl zu unterscheiden; dann sie ist
das, was bei andern Regenten die Finanz-
Collegien sind, die auf die Päbstliche Einkünfte ein wachsames Auge halten muß.
Wenn nun diese Einkünste durch die Reformation in Teutschland, Frankreich,
Schweiz, Holl- und England, Dänne-
mark und Schweden sehr abgenommen,
so hezt die römische Curie durch ihre an
denen Höfen haltende Anhänger, die ge-
meiniglich Jesuiten und Dominikaner
sind, die große Herren zur Bedruckung
der Protestanten auf, woraus die Nieder-
ländische Verfolgung durch die Spanier,
in welcher der Spanische Gouverneur
Herzog von Alba gegen 60 tausend Menschen allein durch den Hencker hinrichten
ließ, die französische Grausamkeit gegen
die Hugenotten und erst kürzlich die barbarische Blut-Hochzeit in Paris und jezt
in Teutschland dieser weit aussehende Krieg
entstanden; da die römische Curie dadurch

immer hoft, die verlohrne beträchtliche
Einkünfte wieder zu erhalten, wenn die
Catholische Religion wieder allgemein ein-
geführt würde.

Margret.

O. da schauert einem die Haut, solche
Grausamkeiten nur anzuhören! Es ist
entsezlich und unmenschlich, Menschen, die
anders glauben, wie das Vieh zu schlachten! Welche Verantwortung vor GOtt,
der doch selbst die Ungläubige erträgt,
versorgt und ernährt! Und Christen können so unmenschlich seyn, sich mit dem
Blut ihrer Mitchristen zu sättigen? —
Aber ich sehe den Jacob kommen. Es
scheint, die Schlacht habe abermal nachge-
laßen. — GOtt! Ich zittere für der
Nachricht, die er uns bringen wird.

Zweiter Auftritt.

Die Vorige. Jacob.

Sophie.

Bringst du uns gute Nachricht, Jacob?

Jacob.

So bald die Pforzheimer Compagnie das Solmsische Regiment unterstüzten, so wich der Feind auf dieser Seite, das feindliche Regiment kam in Unordnung, und unsere Reuter sprengten unter dieses mit dem Säbel in der Faust, so, daß es aller Unterstüzung ungeacht die Flucht ergreifen mußte, welches auch andere feindliche Regimenter nöthigte, sich zurück zu ziehen. Den Feind konnte man nicht weiter als bis an den Wald verfolgen, und so nahm auch diese Attake für uns ein ruhmvolles Ende. Die Hauptleute Wildersinn und Günter nebst 30 Mann von

denen

denen Pforzheimern sind tod. Der Marggrav will sie nach ihren Verdiensten mili-
tärisch begraben laßen.

Margret.

Ach, die armen Witwen und Waisen!

Sophie.

Für diese wird GOtt sorgen! die Männer starben als Helden auf dem Bette der
Ehren. Was kann man sich schöners denken, als der allgemeinen Sage, seinem
Fürsten und Vaterland und Gewißens-
Freiheit sein Leben aufgeopfert, und so
viel zum Sieg beigetragen zu haben?

Margret.

GOtt, mit wie viel Mut und Freudigkeit giengen diese zwei brave Männer vor
wenigen Augenblicken in die Schlacht und
so mit in den Tod? Wie hängt doch

der Menschen Leben am Faden eines Au-
genblicks, der unsere Freuden und unsern
Tod entscheidet! Jacob, ich beschwöre
dich! lebt mein Mann noch?

Jacob.

Ja, er lebt, und wird mit Herrn Bürgermeister und Hauptmann Meyer bald
hier seyn.

Margret.

Gütiger GOtt, sei gepriessen! Ach,
wie werd' ich ihn, wenn er kömmt, an
meine dankvolle Brust drücken!

Sophie.

Ja, Er sei für alle seine Güte gepriesen! Aber eine Frage, Linzin! Ver-
diente der Allgütige nicht auch unsern
Dank, wenn mein und dein Mann statt
dieser zwei würdigen Männer das Schlachtfeld mit ihrem Blut geröthet, und ihr

Leben darauf so rühmlich, wie diese, gelaßen hätten?

Margret.

GOtt! welche Frage? Kaun man im
äußersten Schmerz, im größten Jammer
GOttes Güte preißen?

Sophie.

Beantworte zuerst meine Frage! Gesezt, unsre beede Männer wären in der
Schlacht geblieben, wäre GOttes Güte
für uns weniger preißwürdig?

Margret.

Seine Güte währt ewiglich! Könnten wir aber diese Güte bei unsrem töb-
teten Gram fühlen?

Sophie.

Zweideutige Antwort! Wenn wir sie
also nicht fühlen, wäre sie an uns in die-

G 2

sem Fall weniger geschäftig, weniger preis-
würdig? Antworte mir doch hierauf!

Margret.

Was kann ich dir antworten! würde
ich meinen Verlust nicht allzu schmerzhaft
fühlen, als daß ich in der ersten Empfin-
dung GOttes Güte preißen könnte?

Sophie.

Du würdest also Gott für grausam halten, ohne dessen Willen doch kein Haar
von des Menschen Haupt fallen kann, daß
er deinen Mann zum Opfer des Staats
und Religion gemacht! du würdest zufrieden gewesen seyn, daß tausend andre rechtschaffene Männer statt seiner gefallen wären. Du würdest nicht bedacht haben,
daß es gleichwol in Gottes Willen gestanden wäre, deinen Mann gleich nach der
Schlacht in seinem Zelt abzufordern; und
wenn auch dieses nicht geschehen wäre, so
hättest du vielleicht, an statt, ihn für sei-

ne Erhaltung zu preißen, auf des allmächtigen Vorsorge verzicht gethan, und dich
mit der ohnmächtigen Vorsorge eines
schwachen Geschöpfs begnügen lassen. Siehe, Linzin, wie weit die Sünde der Eigenliebe und Eigennuzes verleitet. — Und
wie viel Tugend die Ueberlaßung in die
göttliche Vorsehung in sich schließt. Fliehe
die erstere, und lerne die leztere, dann
wird dich kein zeitlicher Zufall aus der
Faßung bringen. Wir wollen uns freuen,
daß wir unsere siegende Männer wieder
umarmen können. Wir wollen die gefalle-
ne Helden beklagen, die für ihr Vaterland gestorben, aber auch ihnen den er-
worbenen Ruhm und Ehre nicht misgönnen.

Margret.

Es ist wahr, sie starben heldenmüthig
für ihr Vaterland! aber auch Lorbeere ver-
welcken. In wenig Jahren spricht kein
Mensch mehr von ihrem Verdienst um dieses;
man vergißt, daß sie jemals waren, was
sie gethan, wie sie starben. Und wenn

alle Pforzheimer in dieser Schlacht durch
ihre Tapferkeit und Tod allein den Sieg
davon getragen hätten, so würde man nach
etlichen Jahren kaum mehr davon spre-
chen, während die Wittwen und Waysen
im Elend jammern.

Sophie.

Laß es seyn, daß die Nachkommenschaft
solcher Verdienste vergißt, was ist es mehr.
Ist es doch nicht Ruhm oder Ehrsucht,
die uns zu unserer Pflicht antreiben soll.
Pflicht, die wahre Pflicht ist von selbst und
ohne Absicht würksam. Haben wir diese
erfüllt, dann ist unser Verdienst in die
ewige Bücher der Vergeltung gezeichnet.
Er wurzelt in die Ewigkeit hinein. Wir
sind doch weder zu vergänglichen Monu-
menten, noch für die zeitliche Belohnungen
geschaffen. Ruhm und Ehre in der Welt
veralten und verschwinden, die Verdienste,
die Erfüllung der Pflichten aber nicht. Dem
Stäat nur liegt daran, das rühmliche
Verhalten seiner Bürger der Nachwelt zur

Nacheiferung aufzubehalten. Griechenland
und Rom würden die trefliche Männer
nicht aufzuweisen haben, wenn sie nicht
die ruhmwürdige Thaten ihrer Bürger
durch Statüen und Denkmähler verewigt,
und dadurch ihre Nachkommen zur Nacheiferung gereizt hätten.   Mein Mann erzehlt mir aus der Geschichte den Verfall
jener Freystaaten, und ich erkannte daraus, daß, so bald die Freyheit verlohren
gieng, auch die Helden seltner wurden.
Freyheit ist die Begeisterung des Helden.
Sklaverey ist das Grab der Vaterlandsliebe. Nie können Menschen, die unter dem
Druck, Tyranney und Schinderey seufzen
und ihre Geburt und Daseyn verwünschen,
Vaterlandsliebe fühlen, die den Mut entflammt, sich für dieses aufzuopfern. Sie
empören und verhärten sich gegen das Vaterland, und dessen Schicksal muß ihnen
gleichgültig werden. Gleichgültig gegen jede
Staatsrevolution hoffen sie Besserung ihrer bürgerlichen Umstände.   Die Sklaverey des Unterthans ist die Mutter des mo-
ralischen Todes.   Der oft unschuldige Fürst,

der den Jammer seines getreuen Volks
nicht kenut, wird endlich so verhaßt, als
seine Räthe, die ihren ganzen Verdienst
darein sezen, mit dem Verderben seiner
Unterthanen ihres Fürsten Cassen zu be-
reichern und nicht erkennen, daß sie, indem sie die Unterthanen durch ungerechte
Abgaben zu Grund richten, des Fürsten
Capital angreifen, und ihn bey vollen
Cassen arm machen, weil von armen un-
vermögenden Unterthanen am Ende auch
die billige Abgaben nimmer einzubringen
sind, die, auszuwandern gezwungen, ihre
Güter aus Mangel und Armut ihrer Mitbürger nicht um die Helfte des wahren
Werths anbringen können, die Felder zulezt, des Fleises ungeacht, aus Dürftigkeit,
unbebaut liegen und dem Reißenden so,
wie sein Vieh selbst Zeugen der äußersten
Armut seyn müsse. Mein Mann sagte
öfters, nichts sey mehr von der Finanz-
wissenschaft abständiger, als der blose Rentirer, dem es ganz leicht sey' neue Aufla-
gen zu machen, indem ihm die Gewalt zu
Gebot stehe; die wahre Finanzkunst bestehe

hingegen darinn, daß die Verhältnuß zwischen Fürst und Unterthan so getroffen werde, daß lezterer im Wohlstand bleibe, und seine Abgaben willig und ohne Seufzen entrichte, daher seye die Plusmacherei, das wahre Verderben des Fürstens und des Staats, ein sicheres Merkmal der Unwißenheit der Rentirer. Bedenke daher, liebe Linzin, wie groß die Pflicht seye, für einen so gütigen Fürsten und seine Durchlauchtige Nachfolger Leib und Leben aufzusezen, um in seinen Nachfolgern gleich gütige Fürsten zu erhalten, und unsere Uhrenckel unter ihrem gelinden Scepter glücklich zu wißen. Bedenke, wie ruhig wir sie dann, wann wir zum König der Könige abgerufen werden, ihrem künftigen Schicksal überlaßen können.

Margret.

Du sprichst ja da, wie ein Staatsmann Burgermeisterinn. Ich kann dir nicht Unrecht geben und das um so weniger,

weil ich unsere brave Männer kommen sehe; wie kann ich mich entziehen, Ihnen
aus Freude entgegen zu hüpfen.

Sophie.

Und ich ihnen etwas zur Erfrischung zu
reichen.

Dritter Auftritt.

Jacob.

Welch geseztes Weib! Ich weiß nicht,
wenn mein Herr, der Burgermeister, heute
in der Schlacht geblieben wäre, ob sie
mehr getrauert oder sich mehr erfreut hätte, daß ihr Mann eines ruhmvollen Todes gestorben wäre, ungeacht sie ihn mehr
als sich selbst liebt. Aber, sie kommen,
und meine Frau wird meiner nötig haben.

Vierter Auftritt.

Burgermeiſter. Linz. Meier. Margret. Jacob.

Burgermeiſter.

Gehe, Jacob, ſag meinem Weib, daß ſie uns zu trinken bringe! (Jacob ab) Es will ſchon was ſagen, in einer ſo bren, nenden Hize zu ſtehen, zu ſchlagen und zu ſiegen. Wir haben heute Ehre eingelegt, und ich glaube, der General Tilly werde es ſich vergehen laßen, uns noch einmal anzugreifen.

Linz.

Wir müßen es erwarten. Indeßen ſoll es beim alten bleiben: Siegen oder ſter- ben. Das leztere haben Wilderſinn und Günter rühmlich erfüllt. Kommt es an uns, ſo wollen wir zeigen, daß wir unſe- rer Loſung getreu uns verhalten werden.

Burgermeister.

Heute habe ich den vergnügtesten Tag
meines Lebens erlebt. Diese brave Männer haben sich treflich gehalten: Es war
eine Art von heroischer Wut in ihren Ge-
sichtern, als sie vorrückten, das Solmsische Regiment zu unterstüzen. Nur einmal feuerten unsere brave Pforzheimer ab,
und dann stürmten sie mit dem Säbel in
der Faust auf den Feind los, den uner-
warteter Schrecken überfiel, in Unordnung
geriet und wich. Da hieben unsere Reuter
auf des Marggraus Befehl ein, und zer-
streuten das ganze Regiment, dem andere
folgen mußten, das Solmsische konnte sich
indeßen wieder ranschiren, und that sodann
Wunder der Tapferkeit. Der Feind hat
viele brave Männer sizen laßen. Euch,
meine Freunde mag ich nicht loben, sondern will es unserm Marggraven als Au-
genzeugen überlaßen.

Meier.

An welchem Lob unser Burgermeister
als Anführer der Reuter=Compagnie mehr
Theil hat, als wir, deßen kluge Abthei=
lung mehr zur Flucht des Feinds beigetra=
gen, als unser Angriff. Wir haben nichts,
als unsere Schuldigkeit gethan. Indeßen
beklage ich unsere tapfere Freunde, und
beneide ihr Glück, als Helden gestorben
zu seyn.

Burgermeister.

Wir wollen sie nicht beneiden! wer weiß,
wenn es an uns kömmt.

Linzin.

Und ich bin für Freude außer mir selbst,
euch, tapfere Männer wieder unverlezt zu
sehen. GOtt sei dafür ewig gepriesen!

Fünfter Auftritt.

Die Vorige. Jacob, welche leztere Trinken und etwas Eßen auftischen.

Burgermeister.

Komm, liebe Sophie, wir lechzen für
Durst.

Sophie.

Willkommen, lieber Burgermeister, und
auch ihr, brave Männer! willkommen aus
der Schlacht! Ihr seid aller Vorsorge
würdig! Sezt und erquickt euch! Wollte
GOtt, die zwei andere brave Männer
hätten sich auch wieder einfinden können!
Doch, sie haben ihre Pflicht erfüllt, und
brauchen nichts mehr! Ihr Gedächtnus
bleibe im Seegen! Kommt, und samm-
let neue Kräften, um Ruhm zu erndten.

Linz.

Habt ihr Weiber auch ein wenig gezit-
tert, als es so scharf hergieng?

Margret.

Wer sollte da nicht zittern, wenn es
heißt: Marsch, brave Pforzheimer, rückt
vor; unterstüzt das weichende Regiment;
haltet euch tapfer; auf euch beruht der
Sieg!

Burgermeister.

Bebteſt du auch, Sophie?

Sophie.

Ich würde lügen, wenn ich es ſagte!
Mich vergnügte des Marggraven Befehl!

Meier.

Das Glas aufhebend.
Nun dann: Siegen oder ſterben!

Alle.

drey zu ſammen ſtoßend.
Ja! Siegen oder ſterben (Sie trinken.)

Linz.

O das schmeckte! Man sollte nicht trinken, als wenn man dürstet. Noch eines Burgermeisterin! (Sophie schenckt wieder ein.)

Burgermeister.

Es lebe unser Marggrav!

Alle.

Er lebe, groß, ruhmvoll, als Sieger!

Burgermeister.

Gehe, Jacob, bringe den Ungarischen Rittmeister hieher. Er soll auch mit uns trinken. (Jacob ab) Ich finde an ihm einen guten und braven Mann. Man soll auch seinen Feinden Gutes thun, die es nur auf dem Schlachtfeld sind; außerdem sind wir ja doch alle Adamskinder, Brüder und Freunde. So lange ihn nur der
Marggrav

Marggrav überlaßt, soll ihm nichts abgeben, und mein Gaſt ſeyn.

Linz.

Könnte uns je auch leicht begegnen, daß wir in Feindes - Hände gerathen. Was ihr wollt, das euch die Leute thun ſollen, das thut auch ihnen!

Meier.

Die ſchönſte Regel für das menſchliche Geſchlecht. Würde ſie beobachtet, ſo gäbe es keinen Streit, keinen Proceß, keinen Krieg. Doch laßt uns auch etwas eſſen!

Sophie.

Das wollt' ich eben errinnern. So in die Hitze hinein trinken iſt ungeſund. Alles, was mein armes Zelt vermag, ſteht zu dienſten. Ich werde ſchon beſorgt ſeyn, anderes zu bekommen.

H

Meier.

Ich würde den Mangel der Wohlthat einer besorglichen Frau zu viel empfinden, wenn die Burgermeisterinn diesen nicht so gut ersezte.

Sophie.

Mir ist es lieb, wenn die Herren mit uns schwachen Geschöpfen zufrieden sind. Aber hier kommt der Herr Rittmeister!

Sechster Auftritt.

Die Vorige. Rittmeister Grodno.

Burgermeister.

Kommen sie Herr Rittmeister, trinken sie mit uns! Es ist durstig Wetter!

Rittmeister.

Ja heiß! viel heiß! die Sonne heiß, der Feind heiß!

Burgermeister.

Nun dann! Es leben alle brave Kriegs- männer!

Alle.

Sie leben! (Trinken.)

Rittmeister.

Sie haben sich zeigt, wie brav Mann!

Burgermeister.

Wir haben unsere Schuldigkeit gethan, Herr Rittmeister!

Rittmeister.

Viel Ehr, gewiß, viel Ehr! J viel ge- seh'n, alles geseh'n! Pforzheimer brav Leut!

Burgermeister.

Sieh einmal Linz, wie deine Frau so vergnügt iß, wie sie dich streichelt! Sie iß vor Freude ganz stumm.

Margret.

Das ist wahr! Einen lieben Mann aus einer so blutigen Schlacht wieder unbeschädigt zu sehen, übersteigt alle Worte. Und ich kann hierbei nicht so gleichgültig seyn, als die Burgermeisterinn, statt ihrem Mann entgegen zu fliegen, lauft sie nach denen Weinflaschen.

Burgermeister.

Dafür muß ich sie würklich loben. Denn alle eure Schmeicheleien würden uns jetzt weniger gedient haben, als diese Erquickung. Man kann in Freud und Leid zu viel thun. Jene Mutter, als ihr Sohn aus der unglücklichen Schlacht mit denen Galliern ihr plötzlich und unvermuthet zu Gesichte kam, starb für Freuden jähen Todes. Ich habe meine Frau vorbereitet, meinen Tod, wenn er erfolgen sollte, standhaft, und mit Vernunft und Religion unterstützt, zu ertragen. Sie soll deswegen nicht verzagt seyn.   Gott ist und bleibt aller Menschen Versorger. Eine Wittwe hat nur um so mehr Recht an Gottes Vorsorge.

Sophie.

Aber ich sehe den Marggraven kommen!

Meier.

Der wird denken, wir seyen Bachusbrüder! allemal trift Er uns an, wenn wir trinken.

Burgermeister.

Nein, das denkt Er nicht; Er befahl vielmehr, daß wir es thun sollen, und daß man denen, die unterm Gewehr bleiben, Wein und Brod austheilen soll.

Siebenter Auftritt.

Die Vorige. Marggrav. Die Prinzen
von Weinmar. Prinz Magnus von
Würtemberg. Grav von Solms.
Von Rippur.

Marggrav.

Laßt euch nicht-ßöhren, brave Männer,
(zu erst den Burgermeister, dann den Meier und
Linz umarmend) Ihr seid meiner Umar-
mung würdig, liebe Männer! Euch und
euren Untergebenen hab' ich meinen Sieg
zu verdanken. Ihr habt meine wankende
Reihen wieder hergestellt. Eure Tapferkeit verdient ein ewiges Gedächtnus.
Durch euch würde mein Sieg vollkommen
seyn, wann der Wald den fliehenden Feind
nicht gesichert hätte. Euer Beispiel hat die
ganze Armee angefeuert, Theil am Sieg zu
nehmen. Ja, mein Danck wird nur mit
mir sterben. Gehen sie Herr von Rippur,
und bezeugen sie der Pforzheimer Mannschaft in meinem Nahmen meinen Danck

und Zufriedenheit, mit denen nehmlichen Worten, womit ich mich hier gegen diese würdige Officier ausgedruckt. (Rippur ab.)

Burgermeister.

Wir haben nichts als unsre Schuldigkeit gethan, und es ist für uns allzuviele Ehre, daß Euer Durchlaucht Dero Zufriedenheit in so gar gnädigen Ausdrücken bezeugen. Euer Durchlaucht Leben und Freiheit ist unser Mut, Kraft, Leben und Blut geheiligt: Unter uns ist nicht ein Mann, der nicht alles für sie aufzuopfern vor Begierde brennte. Gott und dem Zufall verdanken wir es, daß wir Gelegenheit gefunden, dieses zu erproben. Haben wir das Glück, Euer Durchlaucht Zufriedenheit zu verdienen, so sind wir damit sattsam belohnt; diese wird uns anfeuern, bei weiterer Gelegenheit sie zu verdienen.

Marggrav.

Liebe Männer, der Fürst ist glücklich, der solche Unterthanen hat!

Burgermeister.

Wie unwürdig wären sie eines solchen Fürstens, die sich anders verhielten. Wo einmal Liebe und Verehrung gegen den Landesherrn so starke Wurzel in denen Herzen der Unterthanen geschlagen, wie in denen Unsrigen, da ist kein Leben zu kostbar, das nicht für seinen Herrn dahin sänke.

Prinz Wilhelm.

Laß dich umarmen, braver Mann! wollte Gott, das wäre die Sprache aller Unterthanen!

Burgermeister.

Nach einer tiefen Verbeugung.

Wann die Fürsten sind, gnädigster Prinz, wie unser geliebtester Herr Marggrav, so können die Unterthanen nicht anders denken, deren noch handlen.

Marggrav.

Sie sehen, wertheste Prinzen, wie sehr ich
Ursache habe, auf meine Pforzheimer Bürger stolz zu seyn! Aber wir stöhren sie an
ihrer nöthigen Erholung. Ruhet aus, tapfere Männer! wir wollen indessen noch einige nöthige Befehle ertheilen.

(Die Prinzen und Grav von Solms gehen
mit dem Marggraven ab.)

Achter Auftritt.

Ausser denen abgetrettenen, die Vorige.

Burgermeister.

Noch einmal! wer sollte für einen solchen Herrn nicht alles daran sezen? Wie
herablassend rühmte er nicht unsere wenige
Bravour.

Rittmeister.

O spräch mein Käser ein möl so mit mir
— J' würde kahn Canone, kahn Pistol,

kahn Sabel mehr scheuen! —. Aber, man
kan brav thun, und niemand wahßts. —
Aber so ists gut dienen.

Linz.

Da bekommt man Mut, wenn keiner
in der Seele steckt. Da brennt das Herz
im Leib, das Blut kocht und man wünscht
nichts als Gelegenheit, zu zeigen, daß einem das Herz am rechten Fleck sitze.

Margret.

Und man vergißt, daß man Weib und
Kinder habe. —

Linz.

Und warum nicht? Da, wo man sich
seiner Haut wehren muß, findet keine Zärtlichkeit statt. Wann einem die Kugeln an
denen Ohren wegpfeifen, dann hat man
gewis keine Laune, an das zarte Geschlecht
zu denken. Wohl etwa da noch, wann

man getroffen wird, noch einige Augen-
blike zappelt und stirbt.

Burgermeiſter.

Gewis, Linz, deine Frau könnte in uns
alle muttige Wallungen niederſchlagen, daß
der Marggrav in Bewegung geſetzt. Be-
weibte Männer würden immer ſchlechte
Helden ſeyn, wenn ſie die ihrige in einer
Feldſchlacht nicht vergeſſen könnten.

Neunter Auftritt.

Die Vorige. Herr von Rippur.

v. Rippur.

Iſt der Marggrav nicht mehr hier?

Burgermeiſter.

Nein, ſo eben gieng Er weg!

v. Kippur.

Ich bitte mir ein Glas Wein aus. Ich sterbe fast vor Durst. Wir werden ohnfehlbar heute noch was zu thun bekommen. Sehe er, Herr Burgermeister, der Berg dort, den ich besezen wollte; ist schon vom Feind besezt! (Kippur trinkt, während Burgermeister spricht.)

Burgermeister.

Wahrhaftig! Nun glaube ich selbst, daß wir heute noch an den Tanz müssen. Sie trinken doch noch eins, Herr Baron!

v. Kippur.

Ja, ich bitte darum! Nun können wir erst noch die Schlacht verliehren. Und wann man mir noch Leute gäbe, so wollte ich jezt noch den Feind da weglagen. (trinkt) Gewiß, wir haben heute einen heißen Tag. (zwei Canonenschüße hintereinander) Pomb! da haben wirs! Adio, brave Männer; (ab.)

Zehnter Auftritt.

Auſſer Herr v. Rippur. Die Vorige.

Burgermeiſter.

Noch eins, meine Herren, ehe wir gehen und dann muthig gegen den Feind! (Sie trinken und Sophie, die er umarmt) der Himmel behüte dich liebes Weib, jezt mag es erſt hizig hergehen,

Sophie.

Gott beſchüze dich, lieber Mann! haltet euch brav, wie Männer!

Linz.

Sei ſtandhaft liebe Margret, was auch geſchehen mag! Abiö! (Die Margret umar- mend.)

Margret.

(Weinend.)

Ach, ich umarme dich zum leztenmal! Gott sei dein Schuz, lieber Linz!

Meier.

GOtt schüze euch, liebe Freunde! Wir werden unsere Schuldigkeit als brave Männer thun.

Jacob.

Ich will meinem Herrn sein Pferd nachbringen, und dann wieder kommen.

Sophie.

Ja! dann wollen wir unsere Geräthschaften auf den Wagen packen. Siegen wir, so bleiben wir ohnedem immer hier; verliehren wir die Schlacht, so ist doch alles aufgepackt.

Eilfter Auftritt.

Margret.

Ach GOtt! Mein Herz ist so schwer,
als ich es in meinem Leben nie so empfun-
den. Traurige Weissagung! O ich werde meinen lieben Mann nimmer sehen.

Sophie.

Die Möglichkeit kann ich nicht läugnen.
Aber, Linzin, wie magst du dich selbst so pla-
gen. Ich habe ja alles erschöpft, dich zu
beruhigen. Es bleibt mir nichts übrig, als
mein Beispiel. Mein Mann hat ja gar
keine Pflicht auf sich, der Schlacht beizuwohnen. Es ist sein freier Wille. Ich
hätte demnach das Recht, ihn hier zurück
zu halten. Aber mit welcher Schande, da
er sich bis jezt jeder Gefahr ausgesezt, und
seinen Mitbürgern mit seinem Beispiel
vorgegangen? Bedenke dagegen, daß es
deines Mannens Pflicht ist, am heutigen
Tag zwischen Leben und Tod zu stehen,

Und, eine Pflicht beweinen, heiße ich gegen
sie rebelliren.

Margret.

Das weiß ich wohl, daß du mich immer weg philosophirst. Auch meine Thränen scheinen in deinen Augen ungerecht.

Sophie.

Weil sie es sind. Komm, laß uns unsere Sachen besorgen, und das Leben der
Menschen dem überlaßen, der es gegeben.

Ende des Dritten Aufzugs.

Vierter

Vierter Aufzug.

Wie die vorhergehende.

Erster Auftritt.

Sophie. Margret.

Sophie.

Nun wären unsere Angelegenheiten auf allen Fall in Ordnung. Aber diesmal dauert der Angriff lang, und es scheint, die Schlacht werde heftig. Unsere Pforzheimer werden Gelegenheit finden, sich neue Lorbeer zu sammlen. Denke Lintin, welche Freude, unsere Männer mit Ehre und Ruhm gekrönt wieder umarmen zu können.

Margret.

Ach GOtt, wir werden unter Cipreßen weinen, und ihren Verlust als arme verlaßene Wittwen beklagen müßen.

J

Sophie.

Du stellst dir aber immer das traurigste
vor! Man muß den Mut nicht verlieren,
sondern immer das beste hoffen.

Margret.

Mir wird aber nichts unerwartetes wi-
derfahren! —

Sophie.

Und es doch nicht ertragen lernen! Ich
hoffe das beste und wafne mich gegen das
schlimmste mit Mut. Ahme mir nach!
Dann wirst du jedem Schicksal, wie ich,
trozen. Ungeschehene Dinge beiammern,
gehört unter die Größte menschlicher
Schwachheiten.

Margret.

Aber auch, sie vorhersehen, unter die
Klugheit!

Sophie.

In unveränderlichen Fällen wohl; aber
in ungewißen sich vorher ängsten, bleibt
Thorheit.   Klugheit ists, sich gegen alle
Fälle zu wafnen.   Warum wollten wir
unsern Männern hierinn etwas nachgeben?
Sie sind in der Gefahr, aber wir haben
noch Hofnung für sie und uns.   Sollten
wir nicht eben so heldenmütig als sie seyn
können? Das wäre Schande für sie und
uns, für unser Geschlecht, das von Anfang der Welt her eben so schöne Beispiele
als das männliche gab. —

Margret.

Sie sind nur für dich, und nicht für
mich, wenn du sie auch' anführtest. Mein
Herz kennt nun nichts als Thränen und
Wehmut.

Sophie.

Wer damit sich Erleichterung schaffen
kann, mag meinetwegen, immer und ver-

geblich weinen. Ich aber will gehen und
sehen, ob ich nicht etwa einigen unserer
verwundeten Mitbürgern Hülfe leisten kann:
Vielleicht friste ich einigen das Leben.

Margret.

Und du kannst so grausam seyn, und
mich hier allein lassen?

Sophie.

Da meine Aufmunterung nichts verfan-
gen will, was soll ich hier thun? Gehe
in dein Zelt, Linzin, jammere, klage,
sey mit dem Himmel unzufrieden! Ich
will mich indeßen denen feindlichen Kuglen Preiß geben, und gleich denen römischen Soldaten einen Bürger-Kranz verdienen, wenn ich einen oder den andern
tapfern Mann erhalte. Ich kann einmal
denen Männern nicht allen Ruhm
allein laßen. — Welche Nachricht
bringst du uns, Jacob, von der Schlacht?

Zweiter Auftritt.

Die Vorige. Jacob.

Jacob.

Noch bis jezt hat kein Theil einigen Vortheil. Der rechte Flügel hat zwar den lincken Feindlichen in etwas zurück getrieben, aber noch mit keinem Entscheid. Unser lincker Flügel kämpft noch ohne Vortheil mit dem feindlichen Rechten.

Marggrav.

Und die Pforzheimer? —

Jacob.

Stehen noch im zweiten Treffen des rechten Flügels unbeweglich, und erwarten Befehl, wenn sie vorrücken sollen.

Sophie.

Also abermal ein vergeblicher Kummer, Frau Hauptmänninn!

Marggrav.

Dem Himmel sei es gedankt, daß er vergeblich war, der gebe, daß er vergeblich bleibe!

Jacob.

Ich denke, der Sieg sei auf unsrer Seite.

Sophie.

GOtt erfülle unsre Wünsche. Wie werth sollen uns dann unsre Männer seyn, die den Sieg erfechten helfen! Würden die Pforzheimer dermalen bloße Zuschauer bleiben, so würde ich meinen Mann kälter empfangen, als das lezte mal. Ich liebe den rüstigen, streitbaren Mann, der

was zur Wohlfahrt des Vaterlands bei-
trägt.

Marggrav.

Kannst du noch zweiflen, daß dieser drit-
te Angriff, unsre Pforzheimer nicht nöti-
gen werde, thätig zu seyn?

Sophie.

Desto beßer! Dann können sie zeigen, was
sie ihrem Fürsten schuldig sind.

Jacob.

Ganz leer dürfte es nicht abgehen. Es
scheint, der Feind habe durch die Bese-
zung des Bergs großen Vortheil erlangt;
dann allemal, wenn der Feind zurück geschlagen und verfolgt wird, so werden die
Unsrige von da aus in der Flanke beschos-
sen, und der Sieger muß vom Verfolgen
abstehen.

Sophie.

Es ist also sehr Schade, daß der so kluge und vielleicht zu tapfere Marggrav, des Herrn von Rippur Rath nicht befolgt!

Marggrav.

Allzu großes Vertrauen auf die Tapferkeit seiner Armee machte allerdings diesen guten Rath verwerfen!

Sophie.

Dieses kann uns dem ungeacht den Sieg hoffen lassen. GOtt wird die gerechte Sache unterstützen.

(hier hört man das Donnern von denen in die Luft geflogenen Pulver-Wägen.)

Aber gütiger Himmel! Was ist das? Welcher Donner! Die Erde bebt unter unsern Füßen! Es ist was außerordentliches vorgefallen! Gehe, Jacob, und sehe, was es ist!

Dritter Auftritt.

Sophie. Margret.

Sophie.

Du haſt recht, Linzin! Der Krieg hat viel Schreckliches. Der Schöpfer lenkt ſeinen Donner, wohin er will. Aber GOtt iſt barmherzig. Nur der Menſch wütet gegen den Menſchen, wie ein Bergſtrohm dem man keinen Damm entgegen ſezen kann. Der grauſame Menſch nimmt alle Elemente zu Hülfe, um ſeine Grauſamkeit gegen den Menſchen auszuführen. Wären wir in einer Feſtung, ſo glaubte ich, es wäre ein Pulverthurn aufgeflogen. Indeſſen prophezeit uns dieſe unerwartete Erſcheinung nichts gutes.

Margret.

Du wirſt furchtſam, Sophie? und ich ſehe dich das erſtemal zittern?

Sophie.

Warum sollte mich nicht dieser grausame Schlag fürchten machen?

Margret,

Ist doch nichts anders, als die Lösung
unserer Carthaunen in unserm Lager, deren man sich so eben das erstemal bedient!

Sophie.

Deren Würckung kenne ich zu gut, als
daß ich dieses vermuthen könnte. Es ist
was sonderbares vorgefallen.

Margret.

Jacob kommt, und wird uns sagen,
was es ist. Gott, welche Verwirrung in
seinem Gesicht!

Vierter Auftritt.

Die Vorige. Jacob.

Jacob.

Nun siehts gefährlich aus. Unsre Pulverwägen sind, man weiß nicht, durch welchen Zufall, in die Luft geflogen. Räder und ganze Wagenstücke sielen auf die im Scharschieren begriffenen Regimenter. Theils wurden durch die Gewalt des Pulvers, Bomben und Grenaden zu Boden geworfen, theils zerschmettert, wodurch verschiedene Regimenter in Unordnung geriethen, besonders die Francken, deren tapferer Anführer Prinz Magnus von Würtemberg von einer feindlichen Kanonenkugel getroffen, den heldenmüthigen Geist aufgab; welches den linken Flügel zu einer fast allgemeinen Flucht veranlaßte, die zu verhindern der Marggrav alle, gleichwohl vergebene Mühe anwendet. Wenige halten sich nebst denen Pforzheimer hinter der Wagenburg, und thun dem Feind unglaublichen Abbruch. Aber die Schlacht selbst ist, wie mich dünkt, soviel als verlohren. Ich denke, wir liessen die aufgepackten Sachen abführen und die Frauen selbst verliesen das Lager.

Sophie.

Wir? Nein Jacob! wir werden so lange bleiben, als unsre Männer noch streiten. Noch höre ich unser Feuer nicht abnehmen. Und unsere Männer auf dem Schlachtfeld verlassen, wäre Schande für uns. Unsere Gerätschaften werden den geringsten Verlust ausmachen, wenn ja der Feind siegen sollte. Wir aber wollen Zeugen von unserer Männer Tapferkeit seyn. Gehe Jacob, um deinem Herrn an die Hand zu geben, wenn er deiner Hülfe bedürfen sollte.

(Jacob ab.)

Fünfter Auftritt.

Sophie. Margret.

Margret.

Gott! wir sind verlohren! wenn alles flieht, warum halten denn die Pforzheimer allein noch Stand? werden sie den reißenden Strohm der Feinde aufhalten? warum sollen sie sich allein für die Sicherheit der Fliehenden aufopfern?

Sophie.

Das sind sie als rechtschaffene Männer ihrem Landesherrn schuldig! werden und können sie das Schlachtfeld verlassen, so lange der, den sie beschützen und vertheidigen sollen, noch darauf ist? gaben sie heute nicht die Losung: Siegen oder Sterben?

Margret.

Sterben werden sie freilich, da sie die ganze Armee verläßt, und sie allein aushalten! Ach, wie unglücklich sind wir!

Sophie.

Unsere Klagen werden unser Schicksal nicht erleichtern. Sie entkräften den Mut, der uns unterstützen soll.

Sechster Auftritt.

Die Vorige. von Rippur. Stallmeister.

v. Rippur.

Sind des Marggraven Pferde und die Meinige fertig, und andere schon voraus?

Stallmeister.

Ja, Herr Oberstallmeister!

v. Rippur.

Sehe er nach, daß ja nichts mangle. Auf einer solchen Reise läßt es sich nicht verweilen (der Stallmeister ab.) Die Schlacht

iſt leider verlohren; wie das Feuer in die
Pulverwägen kam, weiß niemand, die
ganze Arme geriet dadurch in Unordnung
und floße. Nur die Pforzheimer wehren
ſich noch als brave Leute. Aber daß der
Herr Märggrav ſo lange verweilt und ſich
in Gefahr ſezt, gefangen zu werden! wie
geſchwind verliehrt ſich die Zeit, die uns
noch Sicherheit anbietet? Es bleibt uns
nichts übrig, als zu fliehen.

Siebenter Auftritt.

Die Vorige. Burgermeiſter.

Burgermeiſter.
Noch hinter der Scene.

Jacob, nimm den Georg zu dir; reiſet
die 2 Kiſtel mit Patronen aus meinem
Zelt und traget ſie unſern Leuten zu! wir
haben uns ganz und gar verſchoſſen, deßwegen zum Säbel gegriffen und die Feinde wieder aus dem Lager gejagt (ganz erhiz

hervorkommend) Noch diesen einzigen Reß
von Pillen sollen die Feinde verschlucken,
dann wird es Zeit seyn, uns noch einmal
des Säbels zu bedienen, wir hoffen wenigstens, den Feind so lange aufzuhalten, bis
unser Marggrav in Sicherheit ist. Wenn
der Herr nur nicht lange zögert, dann lang
können wirs doch nicht aushalten.

v. Rippur.

Aber der Herr verzögert würklich zu
lange. Noch ist er nicht da. Und sein
Pferd, das er in der Schlacht ritt, ist
verwundet.

Bürgermeister.

Lassen sie ihn den flüchtigen Unger reiten,
den ich heute erbeutet.

v. Rippur.

Er ist auch für den Marggraven gerü-
stet; und die unterlegte Pferde sind voran.
Aber, daß der Herr so lange verweilt!

Achter

Achter Auftritt.

Die Vorige. Marggrav. 2 Prinzen von
Weimar.

Burgermeister

(dem Marggraven entgegeneilend.)

Um Gottes willen, Euer Durchlaucht
retten sie sich! Wir werden so lange streiten, bis wir sie in Sicherheit glauben.
Unsere Patronen sind alle. Mit dem Säbel in der Faust jagten wir den Feind aus
dem Lager. Noch soll der Feind die wenige Patronen, die ich in meinem Zelt noch
vorräthig hatte, versuchen, dann aber.—

Marggrav.

Unvermuteter, grausamer Zufall! Mußte der meinen gewißen Sieg mir aus den
Händen reißen! Doch alles steht bei Gott!
(den Burgermeister umarmend.) Gott stehe

R

dir und meinen getreuen Pforzheimer bei!
(Mit denen Prinzen und v. Rippur ab.)

Neunter Auftritt.

Margret. Sophie. Burgermeister.

Burgermeister.

Bleibt hier, Weiber! wir werden uns
bis auf den lezten Mann wehren! Gott
sey unsre Hülfe und unser Schuz!

Margret.

Ach Burgermeister, lebt mein Mann
noch?

Burgermeister.

Ja, und streitet, wie ein Löwe. Ich
gehe, um ihn zu unterstüzen. (ab.)

Zehnter Auftritt.

Sophie. Margret.

Margret.

Nein ich begreife es nicht! Den Augenblick haſt du Burgermeiſterinn, deinen Mann das leztemal geſehen, und du läſſt ihn ſo kaltblütig von dir!

Sophie.

Und ich ſollte ihn um einer Zärtlichkeit willen einen Augenblick von ſeiner Schuldigkeit abhalten. Mein Blut kochte ohnehin in mir, daß er ſich ſo lange verweilte. Wie bald könnten ſeine Mitbürger glauben, er habe ſie verlaſſen? Iſt es nicht Güte des Himmels, daß ich ihn wieder unverlezt geſehen? Könnte er nicht ſchon lange geſtreckt liegen, und die lechzende Erde ſein Blut trinken? Auch dein Mann lebt noch. Siehe, Linzin, wie viel Urſache wir haben, Gott zu danken.

K 2

Margret.

Was haben wir anders zu gewarten, als
Tod oder Gefangenschaft?

Sophie.

Komm Freundinn, laßt uns denen
Pforzheimer die Patronen selbst austheilen,
damit sie ungehindert den Feind abhalten
können. Auch das wird ihnen Mut machen.

Margret.

Komm Burgermeisterinn, wir wollen
mit unsern Männern sterben!

Ende des vierten Aufzugs.

Fünfter Aufzug.

Wie die vorigen Aufzüge.

Erster Auftritt.

Sophie. Margret.

Margret.

Aber das ist Wut, Burgermeisterin! aus zwei Uebel muß man das Beste wählen! Gefangenschaft ist doch besser als umkommen. Aber die Leute hören nichts, sie sehen nichts, sie fühlen nichts, als ihre verzweifelte Vertheidigung.

Sophie.

Wenn sie des Marggraven Flucht bedeken sollen, so können sie sich jetzt noch unmöglich ergeben. Sie haben nebst dem

den Vortheil, zehn Feinde zu tödten, ehe
einer von ihnen fällt, wenn sie nur ge=
nugsam mit Patronen versehen wären, so
dörfte Tilly wohl noch ein anderes Regi=
ment zu Hülfe nehmen müssen. Wenn
sie nur nicht umringt werden. Es ist ein
Glück für die Unsrige, daß der größte
Theil der feindlichen Armee schon beim
linken Flügel unsers Lagers eingefallen,
und sich mit plündern abgiebt, und der
Feind glaubt, mit einem Regiment die
Pforzheimer zu überwältigen; und das
feindliche Regiment ist über die Helfte ge=
schmolzen.

Margret.

Wie lange aber kann dis alles währen?
Auch liegt schon mancher Pforzheimer ge=
streckt.

Sophie.

Lange kanns freilich nicht dauern. In=
deß gewinnt der Marggrav Zeit, in Si=

cherheit zu kommen, und das verdient wohl, daß 400 Mann sich aufopfern und dem Feind den Sieg vertheuern.

Margret.

Daß uns aber die Grausame selbst aus denen Reihen herausgestoßen, nachdem wir ihnen die Patronen ausgeteilt, ist ja rasend!

Sophie.

Daran hatten sie recht! Sie wollten nicht, daß unser Mut dem ihrigen die Waage halte. Wir gehören nicht dahin, wo die Kuglen um die Ohren pfeifen. Uns gebührte Plaz zu machen, so bald wir das Unsrige gethan hatten. Das Schießen wird indessen immer schwächer, und Jacob kommt, uns zu sagen, wie es nun stehe.

Zweiter Auftritt.

Die Vorige. Jacob.

Jacob.

Nun wird es bald ein Ende nehmen. Die Patronen sind all, und die Unsrige haben mit dem Säbel in der Faust abermal einen Ausfall gethan, und das feindliche Regiment zum weichen gebracht. Die Wagenburg bedeckt ihnen nun den Rufen, daß sie nicht umringt werden können. General Tilly lies ihnen Gnade anbieten, wenn sie sich ergeben würden; Aber sie haben geantwortet, daß sie sich bis auf den lezten Mann wehren würden, und ihren schon gestreckt liegenden Mitbürgern die Ehre nicht allein lassen wollten, für die gute Sache gestorben zu seyn. Darauf haben die Feinde einen solchen wütenden Anfall auf sie gethan, daß ich nicht länger ein Augenzeuge davon seyn konnte. Auf unserer Seite sind etwa noch 100 Mann übrig. Hauptmann Meyer ist Tod!

Margret.

Und mein Mann?

Jacob.

zuckt die Achsel.

Margret.

Ach Gott! — Tod! — (fällt ohnmächtig auf einen Feldsessel hin.)

Jacob.

Der Herr Burgermeister commandirt noch allein, hat den Eingang ins Lager mit dem Rest besezt, und da wehren sie sich noch als verzweifelte Leute.

Sophie.

der Linzin zu Hülfe kommend.

Unvorsichtiger Mensch, könntest du nicht sagen, ihr Mann lebe? Siehe, hier liegt

das Weib erstarrt. Werde ich ein beßeres
Schicksal meines Mannes vermuthen können? Nein er wird seine Mitbürger nicht
überleben, und das Schlachtfeld nicht verlaßen. Vielleicht sinkt er hin, indem ich
jetzt rede. Aber soll ich deswegen allen
Mut verlieren? Meinen Kindern ihre
Mutter entziehen; Sie doppelt unglücklich
machen, weil ich den Verlust eines solchen
Mannes sehr hart empfinde? Nein, ich
will mein Unglück gelaßen ertragen, und
mich gegen deßen Grausamkeit wafnen.
Gehe, guter Jacob, nehme den Rittmeister
mit dir. Er wird dich und meinen Mann,
wenn er noch lebt, vor des Feinds Grausamkeit beschützen. Sorge dafür, wenn
mein Mann fällt, daß er hiehergebracht
werde. Vielleicht erweißt mir Gott die
Gnade, daß ich ihn erhalte. Indeßen
will ich mich bemühen, dieses Weib wieder zu sich zu bringen. (Jacob geht ab,
Sophie nimmt eine Flasche heraus und streicht
der Margret Gesicht damit an.)

Dritter Auftritt.

Sophie. Margret.

Sophie.

Ermuntere dich, Linzin, dein Mann
lebt.

Margret schwach.

Wie? Wo ist er? Bringe mich zu
ihm!

Sophie.

Es war ein Misverstand vom Jacob.
dein Mann kämpft noch.

Margret.

Ja mit dem Tod. — Und wird doch
sterben.

Sophie.

Aber, was sehe ich? GOtt, es ist
geschehen! — Da kommen ja die Feinde
selbst! —

Vierter Auftritt.

General Tilly. Grav Cilley. Officier.
Die Vorige.

Grav Tilly noch hinter der Scene.

Daß niemand in das Hauptquartier falle noch plündere, man soll es mit starken Wachen umgeben. Man soll dem flüchtigen Feind und besonders dem Marggraven nachsezen. (im hervorkommen) Nein! Eine solche verzweifelte Gegenwehr habe ich nie gesehen noch erlebt. Diese Rasende haben mir fast das ganze Regiment zu Grunde gerichtet. Die Gnade abschlagen, die ich ihnen zweimal anbot, und lieber sich auf den lezten Mann wehren, ist unerhört. Dieses hat mir den Sieg sehr kostbar gemacht, und wenn ich noch einmal so siege, so sehe ich mich überwunden. Was sind das vor Weiber hier?

Sophie.

Wir find Weiber von zwei Officiers, über die sich Euer Excellenz so eben beklagen.

General Tilly.

So nehme man sie gefangen und führe sie ab!

Sophie.

Ja wir find ihre Gefangene, Herr General! Aber ich bitte demüthig, laßen sie dieses mit dem Tod ringende Weib vorher in Freiheit sterben! Ihr Mann, der Hauptmann über die tapfere Männer war, starb als ein Held in Vertheidigung seines Fürsten und Vaterlands; und es scheint, sie könne ohne ihn nicht leben. Der Meinige ist zwar auch dahin, sonst wären die Herren gewiß nicht hier. Aber ich tröste mich damit, daß er das Glück hatte, für sein Vaterland zu sterben.

General Tilly.

Gewiß, mehrere würden mich nicht ab-
gehalten haben, hieher zu kommen. Aber
diese Männer starben mehr als verzweifelte, als tapfere Männer. Ihr Verhalten war Raserei. Sie verwarfen die Gnade, die ich ihnen als tapfern Leuten anbieten ließ, und ich war genötigt, sie als
rasende todschießen zu laßen, da ich sie
vorher ehrte, und gern erhalten hätte,
außer dem würden sie noch leben, aber
auch mancher brave Mann von denen Mei-
nigen.

Sophie.

Euer Excellenz verzeihen! das Betragen dieser Männer war keine Raserei;
Sie handelten nach Pflicht und Schuldigkeit.

General Tilly.

Hat sie dann der Marggrav schwöhren
laßen, lieber zu sterben, als sich zu erge-

ben oder zu fliehen? Da hätten die Andere Regimenter sehr meineidig gehandelt,
den sie retteten sich mit der Flucht.

Sophie.

Diese Regimenter würden gewiß nicht
geflohen seyn, wenn nicht durch einen Zufall die Pulver-Wägen in die Luft aufgeflogen wären, und deswegen Mangel an
Munition gehabt hätten. Der Marggrav
verzögerte die Flucht; Um nun diese zu
versichern, war kein ander Mittel als dieser hartnäckige Widerstand. Diese Männer hieltens für die größte Ehre, das Leben und die Freiheit eines Fürstens, den sie
so sehr liebten und ehrten, mit ihrem
Blut und Tod zu erkaufen, und sie haben
unter sich geschworen, zu siegen oder zu
sterben. Diesen Schwur hielten sie nun
als redliche Männer. Urteilen Euer Excellenz, ob sie sich anders verhalten konnten.
Hätten sie die angebotne Gnade angenommen, so hätte ihr geliebtester Fürst vielleicht, da er zu lange verzog, noch in Ge-

fangenschaft geraten könnten, und schwere
Bedingnüße für das Fürstliche Hauß und
unser Vaterland eingehen müßen; Sie
mußten sich demnach bis auf den lezten
Mann wehren. Und mein Mann war ihr
Befehlshaber.

General Tilly zu Grav Cilley.

Gewiß, wenn unser Kaiser lauter solche
Leute hätte, die ganze Welt müßte
seinen Zepter verehren. Eine solche Vertheidigung ist ohne Beispiel! (zu Sophie)
Wo ist euer Mann?

Sophie.

Daß weiß ich nicht! Vermutlich im
Reich der Todten, wie seine Cameraden!
Dann die Wahlstadt hat er nicht verlaßen,
und sich auch nicht gefangen geben.

General Tilly.

Dann ist er unstreitig unter den Todten.
Denn von ihnen allen regte sich keine Ader
mehr,

mehr, als ich in das Lager kam! Die Unsinnige!

Sophie.

Seine Pflicht erfüllen, ist kein Unsinn!

General Tilly.

Es scheint, euer Mann müße keiner Thräne werth gewesen seyn, da keine in eurem Auge zittert.

Sophie.

O dieser war mehr werth als Thränen! — Aber ich würde seiner unwürdig seyn, wenn ich meinen Mut, wie diese meine Freundinn hier verlöhre. Es gibt Schmerzen und Gefühle, die mit keinen Thränen gelindert werden. Ich habe den geliebtesten, den würdigsten Mann, und meine Kinder den besten Vater verlohren. Thränen sind für ihn zu wenig; aber

T

mein Herz blutet. Das einzige tröstet mich, daß er seinem Fürsten und Vaterland getreu starb. —

Graf Cilley.

Dieses Weib ist sehr gesetzt, und würdig, einen solchen Mann gehabt zu haben.

Sophie.

Ach GOtt! — Er ist's! Ja er ist's. — Man bringt ihn hieher! — Guter Rittmeister, wie kann ich dir's verdanken, daß ich ihn noch einmal umarmen kann.

Fünfter Auftritt.

Die Vorige. Burgermeister vom Rittmeister Grodno und Jacob geführt, und auf einem Sessel gebracht.

General Tilly.

Ist das euer Mann, der die angebotene Gnade ausschlug, und mir durch sei-

ne Untergebene so viele brave Leute zu
Grund richtete?

Rittmeister v. Grodno.

Herr General! Das brav Mann! —
Guter Mann! — Ich sein Gefangener! —
Mir viel Guts gethan!

General Tilly.

Wie? Sehe ich nicht den Rittmeister
Grodno?

Rittmeister.

Ja, Herr General! Heut früh am Tag,
mich der brav Mann gefangen bekam!
Mich gut gehalten! Ich für ihn sterben
will! Schade! — Viel brav Mann heut
umkommen! —

Sophie, die ihren Mann gleich anfangs
umarmt.

Ich habe dich wieder, guter Mann! —
du hast dich wohl gehalten! —

Burgermeister.

Ich habe — meine Schuldigkeit — gethan! — du hast mich — wieder, gutes
Weib! — Aber — am Rande des Grabs
— wenn man mir's — gönnt!

Sophie.

Ist mein Mann verbunden?

Rittmeister.

Ja, Frau Burgermeisterinn! Aber die
Wunde ist gros gefährlich! — Er schwehr
leben kann!

Sophie.

Des Herrn Wille geschehe! — Lieber,
edler Mann! Du hast deine Pflicht erfüllt.
Du wirst ewig in meinem Herzen leben.
Du sollt das Beispiel deines Sohnes und
aller Nachkommen seyn. Ihnen werde ich,
deine Kenntniße, deine Wißenschaften, dei-

nen Mut, deine Thaten preißen. Wann
sie dir nachahmen, so werde ich dich in
Ihnen lieben. So wie du, starb Paul
Emil in der Schlacht bei Canna. — Lieber, würdiger Mann!

Burgermeister.

Grüße und küße — meine Kinder! —
Segne sie in meinem Namen, auf alle —
ihre Nachkommen! — sage ihnen: — daß
sie, wie ich — ihrem Fürsten — getreu —
bis in Tod dienen — dir danck' ich — für
deine Liebe und Treue — grüße — alle
gute Bürger! — meine Freunde — in
Pforzheim! — Sage dem Marggraven! —
daß ich — ihm getreu — und für ihn —
willig — und freudig gestorben sey. — Und
daß ich — ihm — noch Seegen vom Himmel — in meiner lezten Stunde — erflehe. —

Gen. Tilly.

Ich beklage dich tapferer Mann! aber
sprich, welcher Unsinn dich und deine Leute verleitet, meine Gnade auszuschlagen.

Burgermeister.

Kein Unsinn. — Schwur! Treue und Pflicht — waren es.

Gen. Tilly.

Aber, ihr habt mir viele Leute zu Grund gerichtet. Wie? wenn ich mich nun an dir rächen würde?

Burgermeister, lächlend.

Wahrhaftig! — eine Rache von einem Augenblick. Ich ringe — mit dem Tod. Ich weiß, — daß Euer Excellenz — die Tapferkeit — besser zu schätzen — wißen. — Wir sterben — freylich nicht — ungerochen.—

Gen. Tilly.

Tapferkeit weiß ich wohl zu schätzen, aber keine Raserey nicht.

Burgermeister.

Wenn ihr Kayser — so gut ist — als mein Herr, — der Marggrav — und vielleicht — ist er's — und ich hätte, — in seinen Diensten gekämpft — so würde ich — nicht weniger — gethan haben.

Gen. Tilly.

Laß dich umarmen braver Mann! man hohle meinen Wundarzt, um ihn zu retten.

(ein Officier ab.)

Burgermeister.

Ich dancke, — Euer Excellenz! — für diese Gnade! — die Hülfe ist zu spät. — Meine Wunde — ist tödlich — und mein Leben — nimmer zu retten. — Wollen Sie — Gnade — für mich haben, — so haben sie es — für mein Vaterland — für die Stadt! — Pforzheim — für den Rest — meiner Mitbürger — für mein Weib — und Kinder — für diese trostlose — Wittwe hier — die dem Tod — so nahe ist — deren Mann — mit gleichem Mut — und Gesinnung kämpfte. —

Gen. Tilly.

Alle deine Bitten sind dir gewährt, braver Mann! Ich schenke dich deinem Weib, du magst leben oder sterben. In lezterm Fall soll sie Erlaubnuß haben, deinen Leichnam mit ihr zu nehmen, und in dei

ner Vaterstadt ihm seine gebührende Ehre
und die lezte Pflicht zu erweisen.

Burgermeister.

Diß wäre — keine Gnade — für mich —
Ich bitte — meine Gebeine — von denen
Gebeinen — meiner — lieben — Mitbürger — nicht — zu trennen — sondern —
zu erlauben — daß sie — in der — nehmlichen Grube — ruhen, — die die — ihrige — einschließt, — und der nehmliche
Hügel — sie decke.

Gen. Tilly.

Auch dieses ist dir willfart! diese beede
Weiber sollen alsdann mit allen ihren Geräthschaften frei abziehen, wenn sie ihren
tapferen Männern vorher die lezte Pflicht
erwiesen. Man soll ihnen Päße und Be-
deckung mitgeben. Ich vermute, bald selbst
nach Pforzheim zu kommen; wird sich die
Bürgerschaft ergeben, so soll weder Brand
noch Plünderung gestattet werden, und ich
werde Ihnen geringe Kriegssteuren aufle-
gen; da will ich, braver Mann, deine

Kinder sehen, und sie segnen, ihnen den Mut ihres Vaters rühmen, und sie selbst zur Nachahmung vermahnen. Könnte ich dein Leben mit Geld erkaufen, ich würde es gewiß erhalten, dann deines gleichen tapfere Leute ehre ich! —

Sophie, die Margret ermunternd.

Komm, Linzln, falle mit mir zu den Füßen unsers großmüthigen Ueberwinders.— Wir sind frey und dürfen heimziehen.—

Margret, zu sich kommend.

Wo ist er? — Wo ist mein Mann? — Was sagst du, Sophie?

Sophie, sie aufziehend.

Fort, zu denen Füßen unsers großmüti- gen Ueberwinders! (sie knien beyde.) Wir werden, großmütiger Herr General, ihre Gnade benuzen und danckbare von ihrer Güte durchdrungene Herzen mit hinweg

nehmen. Wir werden unsern Mitbürgern,
so, wie unsere tragische Geschichte, also
auch ihre Gnade erzehlen; Sie werden
sich einem so grosmütigen Sieger willig
überlassen, unsere Kinder und Enckel werden ihre Gnade preißen und ihren Namen
der Nachkommenschaft unvergeßlich machen.
Siegen ist Ruhm, aber sich des Siegs
mit Mäßigkeit bedienen, denen Ueberwun-
denen Gnade und Verzeihung gewähren,
ist das Kennzeichen wahrer Helden.

Gen. Tilly.

Steht auf, gute Weiber!

Burgermeister.

Nehmen Sie — auch — meinen Danck —
aus meinem — sterbenden Munde. — Gott
vergelte — ihnen — diese Gnade. —
Komm — Sophie — laß mich — in deinen Armen — sterben. — Der Tod —
naht sich. — Laße mich — in der — allgemeinen — Grabe — meiner — tapfe-

ren — entschlossenen — Mitbürger — ruhen. — Ziehe — unsere Kinder — auf —
Gott zu — Ehren — in Ehrfurcht — Liebe — und Treue — gegen ihre Landes-
herren — lehre sie — für sie — und das
Vaterland — wie ich — willig — sterben. — Liebe mich — in ihnen — und
denke — an deinen — getreuen Mann. —
Gott sei dir — alles — Vater — Versorger — und Tröster — Vergelter deiner —
Liebe und — Treue. — Werde nicht —
kleinmütig. — Verlasse dich — auf Gottes — Allmacht — und Vorsorge —
dem — empfehle ich meinen —

(stirbt.)

Rittmeister.

Schad — schad — für den Mann! —
möchten Herr General mir erlaub — diese
Weiber mit ihrer Sach begleit mit etlich
Mann?

Gen. Tilly.

Ja, Herr Rittmeister, Sie sollen es mit
einer Compagnie Husaren thun. Ich den-

ße ohnehin ein Bataillon nach Pforzheim
nachzusenden, und da Posto faßen zu laſſen, bis ich ſelbſt mit der Armee nachrukte,
um die Badische Prinzen in ihr Land zu
ſezen, indeſſen aber befehle ich, zu Pforzheim ſtrenge Mannszucht zu halten, damit
jedermann wiſſe, daß ich mich dieſes zu-
fälligen Siegs nicht überhebe, und der Ue-
berwundenen zu ſchonen, und eine Tapferkeit, wie dieſe zu ehren, ich meinen wahren Ruhm ſuche. Würden dieſe in der
Schlacht gebliebene Pforzheimer mir gedient haben, ſo würde ich zu ihrem verdienten Andenken eine Gedächtnis-Säule ſezen laſſen, die dem morſchen Zahn der
Zeit trozen ſollte.

Ende des Trauerſpiels.

ERNESTO LUDOUICO DEIMLING,

viro, ciuique, bono,

tritaui:

BERTHOLDI DEIMLING,

CIUIUMQUE CCCC PHORCENSIUM

qui,

hoc duce,

NE QUID VITA PRINCIPIS CAPERET

detrimenti,

fefe

ad Vimpinam

deuouerunt,

FAMÆ AB OBLIUIONE VINDICIAS

&

PRINCIPIS OPTIMI FAUOREM

gratulatur:

AMICUS VIRTENBERGENSIS:

M. C. P. F. K.

Soc. LAT. JEN. MEMBR. HONOR.

Plebeiæ Deciorum animæ, plebeia fuerunt
Nomina. Pro totis legionibus hi tamen & pro
Omnibus auxiliis, atque omni pube Latina,
Sufficiunt dîs infernis, terræque parenti.

Juvenalis.

Siccine, quos dudum tenebris obliuio texit,
  In lucem redeunt, Te rouocante Aui!
Inuicti heroes, quos, non præstantior hostis,
  Sed fatum & major copia strauit humum!
Egregii ciues! vitam qui principis ipsa
  Morte redemerunt, & cecidere viri!
Sic erat in fatis! Jnfausta sorte Böemi
  Legerunt regem te, Friderice! sibi,
Aemurus Austriaca satus at de gente Bauaro
  Auxiliante tuas milite fregit opes.
Vix magis ad Pragam mons hausit sangui-
      nis albus,
  Cum, pro rege suo, concidit iste senex,
Quem lacrymans luxit Fridericus Magnus;
      ac hausit,
  Cum superauit eum Maxmilianus ouans.
Quæ fuit ista tibi, Germania! Lerna malorum!
  Quæ rabies ciues egit vbique tuos!
Effrenis victor tibi iam noua vincla parauit,

Nixus fortuna, vi, numerisque fuis.
Iamque Palatinas petit oras Tillius, enfe
Has vaftaturus militis, igne, fame,
Non tulit hoc facinus focius, Friderice!
tuus, qui
Tunc Zaringorum gloria ftirpis erat,
Vi focium regno pulfum dolet, eius ab oris
Victorem patriis vi retinere ftudens,
Turgida nec curans mandata, Georgius adfert,
Eius collapfis rebus amicus opem;
Terruerat reliquos fortuna fauentior hofti,
Fida fed heroum lecta quadriga manet:
Marchio, Mansfeldæque comes, Magnus-
que Sueuus,
Saxoque Bernhardus, (nomina quanta
virûm!)
Primus ad arma vocat ciues, comitatur
eundem
Fortis, tam fido principe digna, cohors.
Victores primum. Menfis fed Maius iisdem
Ad Nicri ripas exitialis erat.
Mansfeldenfis abeft, alios ruiturus in hoftes,
Marchio cum pauco milite folus adeft.
Tillius adgreditur numerofior. Omnia tentat
Impigra parua cohors, principe freta fuo,
Vicis-

Vicisfet fane, fed fcrinia pulperis ignis
  Subdolus irreptat, perniciemque vomit,
Intonat horrendum; currus, & ligna, ro-
        tæque,
  Perrumpunt aciem, disiiciuntque viros,
Iam fatum vincit, non virtus, non bona cauffa,
  Adtoniti cedunt, hoftis & vrget eos,
Ordinibus ruptis fugiuntque, caduntque,
        decusque
  Virtenberga! tuum, Magnus & ipfe cadit.
Sed manet, & gladios hoftis deridet, & ignes
  Vnica turma, tibi, Marchio! iuncta comes,
(Agmine fic reliqua quondam fugiente La-
        cones
  Perfarum vires fuftinuere diu.)
Agmen Bertholdus ducit Deimlingius, vrbis
  Phorcenfis conful, mente manuque bonus
Difcuffi reliqui dum figna ducesque relin-
        quunt,
  Principis ingenuos linguere figna pudet,
Eius vt adfpiciunt in aperta pericula vitam
  Proiectam redeat faluus vt inde, manent.
Efte viri, ciues! Acie ne cedite! Princeps
  Ne pereat, conful: nos moriamur! ait.
Pro patria, noftri pro vita principis, & pro
        M

Religione mori, nonne fupremus honor?
Conclamant omnes: Nos, nos moriamur! at
iste
Euadat faluus! Mors ea digna viris!
Nec mora, perfistunt, hostili fanguine
multo
Vitam vendentes; Victor et ipfe ftupet,
Egregios mirans animos, deponere tan-
dem
Arma iubet, veniam pollicitatus iis,
Ingenui renuunt; repetit fua Tillius illis
Sponfa; fed hi ftatuunt dulcius esfe mori!
Occubuere omnes, princeps euafit, inulti,
Donec adest heros ex Aquilone datus,
Cuncta fubacta tremunt. Venit at Gu-
ftauus Adolphus
Ex machina, vindex, patria presfa!
tuus,
Cuique viam femper victoria panderat,
is nunc
Aufugit, atque graui vulnere pref-
fus obit;
Vos Nicer ingemuit perhonesta morte
perire,
Jam Lycus hunc rifit vertere terga
fugæ.

Græcia, Phorcences! fi vos, Si Roma tu-
      liffet,
  Nomina carminibus veftra notata fo-
      rent :
At Germania facit, non iactat, talia
      gens, nec,
  Confcia virtutis, prodiga verba fitit.
Galle! Catetanos exorna laude! Theatro
  Infer, et in tabulis cum duce pinge
      tuis !
At pauci fuerant, qui, ne populus cadat
      omnis ,
  Vultro victori colla dedere fuo,
Vrfit eos hostis , violenta famesque, nec
      illis
  Vitæ faluandæ fpes fuper vlla fuit.
Risiffent mortem ; verum regina pepercit,
  Vixerunt, hoftis laudat et Anglus eos,
Quilibet id nouit, fed nefcius ambigit, vtrum
  Victori? an victo ? maior habendus
      honos ?
At pietas, cives Phorcenfes! veftra, fides-
      que ,
  Et mors pro veftro principe lecta la-
      tent.

        M 2

Roma fuos Fabios ter centum nominat,
　　omnes
　　Una pro patria qui cecidere die,
Vos iacuisfetia viles fine nomine, tantum
　　Cognita coelitibus nomina veftra forent.
Nunc tandem, Bertholde, tuo de ftem-
　　mate, Deimling!
Suppreffi dudum nominis vltor adeft;
Otia, quae ducit, morbo cogente facrata
　　Mufarum ftudiis vult, patriaeque fuae,
Virtutes recolit patrum, fautrice Minerua,
　　Natalis voluit pristina fata foli,
Quaeque fides illis, et amor quis Princi-
　　pis, et cui
　　Morti fortis ani fuccubuisfet auus,
Digna putans chartis, (quis enim non
　　digna putaret?)
　　Difücit in chartas drama fuosque canit.
Priuatus labor hic, et paucis notus amicis,
　　Vix egresfurus fcrinia forte viri,
Principis, vt decuit, tandem peruenit ad
　　aures,
　　Nomina mirati tecta fuiffe diu;
Jamque tuus, CAROLUS FRIDERICUS,
　　amorque tuumque,
　　Bada! decus, iufti cultor, amansque boni,

Nomina clara, fuis fatis aft ignota tene-
    bris

Erepturus, iis publica iusta vouet.

Ecce! dies Caroli, Patris, Nati, atque
    Nepotis

Nominibus (redeat fæpe!) facrata redit!

Orator, dignus veftra virtute, Borusfi

    Regis virtutum præco difertus adest,

Principe, (quantus honor vobis!) man-
    dante, nepotum

Larga parentantem copia cingit auis,

Rhetora, nobilibus circumdatus, Optimus
    Jpfe

Audit, et Jllius fplendida tota Domus,

Læta, fuam tales patriam genuisfe, nec illi

    His dignos fperans defore porro viros.

En! pretium veftra dignum virtute! Re-
    uixit

    Veftra, quater centum, fama fepulta
    viri!

Principe fub tali quis non veftigia ciuis

    Veftra legens patriæ confecret omne
    Patri?

(Ne redeat tamen illa dies, qua, Marte
    finiftro,

    Pro vita pereat principis unus adhuc!)

Sub tali imperio , meritis quod reddit.
 auorum
 Præmia digna, malus quis velit esſe
  nepos ?
Vrbs lætare tuo Phorcenſis Principe! ſem-
  per
 Flore nouo CAROLI ſplendeat ampla
  Domus.
Vrbs imitare tuos patres ! Lætare paren-
  tum
 De famæ tandem vindice, ciue tuo!

Nach-Schrift.

Wenn es Aberglaube ist, zu glauben, daß schöne Thaten oft durch die Vorsehung der Vergessenheit entrissen werden, so bekenne ich mich gerne dazu, indem ich solchen zu lieben, die schönste Ursache habe. Ich bekenne, daß die Art, wie die Grosthat der 400 Pforzheimer Bürger der Vergessenheit entrissen worden, mich, als das Werkzeug, selbst in Verwunderung sezt, wovon auch meine verehrliche Leser nicht frey bleiben werden, wenn sie vernehmen, wie

diese des Andenckens so würdige That ohne
einigen Vorsaz, sie bekannt zu machen, wieder aufgelebt, nachdem alle Umstände alles dazu beygetragen, auf immer vergeßen
zu bleiben. Ich habe mich deswegen schuldig geglaubt, nicht nur hier nachzubringen,
durch welchen Zufall diese Rückerinnerung
geschehen, sondern auch die Ehre und Gna-
denbezeugung zu preißen, welche des reg.
Herrn Marggravens Hochfürstl. Durchl.
der ganzen Bürgerschaft zu Pforzheim in
ihren abverlangten Abgeordneten huldreichst
erwiesen.

Als die Schlacht bey Wimpfen verlohren
gieng, die Kayserliche und Ligistische Völcker die durlachische Länder grausam behandelten, Marggrav Friedrich sich nach
Stuttgard, Marggrav Georg Friedrich,
dessen Herr Vater aber gar nach Genf re-
tirirten, so blieb von dem Canzley-Per-
sonale nur so viel im Land, als zur Be-
friedigung der freund- und feindlichen An-
forderungen nötig war. Friedliche Regie-

rungs-Geschäften hingegen lagen ganz danieder, daher konnte von Seiten der Fürstl. Kanzley diese Großthat eben so wenig niedergeschrieben werden, als die Grabstätte des in Strasburg verstorbenen Marggraven Georg Friedrichs, die bis auf den heutigen Tag unbekannt geblieben. Zu Pforzheim war die Trauer zu allgemein und die Kriegsläufte zu drängend, als daß man hätte darauf denken sollen, eine Begebenheit niederzuschreiben, davon die schmerzliche Wunde noch in jedem Hauß blutete. Die darauf gleich erfolgte grausame französische Kriege, die Pforzheim endlich zerstörten und die Bürgerfamilien bis auf wenige verminderten, verhinderten dieses gänzlich. Die traurige Begebenheit blieb also eine bloße Familienerzehlung, die Eltern ihren Kindern machten, wenn sie ihnen sagen wollten, wie und wo ihre Väter oder Großvätter gestorben seyen. Aber schon mit den Zeitgenoßen meines Vaters nahm diese Erzehlung ein Ende und mit ihm würde auch diese Großthat auf immer

begraben worden ſeyn, wenn ihn nicht meine angebohrne Neigung zur Geſchichte ver-
anlaßt hätte, mich ſehr oft mit der Va-
terlandsgeſchichte und Erzehlung der Schick-
ſale zu unterhalten, die Pforzheim hiebey
gehabt hat, indem er ſelbſt Geſchichtskun-
diger war. Mehrmal erzehlte er mir den
Tod fürs Vaterland der 400 mit allen
Umſtänden und ſo genau, als ich ſie in
Büchern nie gefunden; Er konnte dieſes
um ſo mehr, als ſein Vater der geweſene
Burgermeiſter Chriſtoph Deimling dieſe ge-
naue Umſtände aus dem Munde ſeiner
Grosmutter, die bey der Schlacht war
und ſich dabey ſo heroiſch betragen, als
ich ſie in meinem Drama geſchildert, ſelbſt
vernommen. Dieſes Weib war eine Toch-
ter des Stadtpfarrers Faber von Marg-
gröningen, hatte die beſte Erziehung und
da ſie 78 Jahr erreichte, demnach auch
die folgende Kriegsläuften erlebte, ſo konnte ſie lange genug ihren Kindern und Enkeln vielleicht zum Troſt in damaligen jämmerlichen
5

merlichen Zeiten diese Begebenheit mit allen Umständen erzehlen. Genug, mein Vater, Berchtold Deimling, wußte mir den genauen Hergang dieser Schlacht so zu erzehlen, wie ich ihn im Drama geschildert habe, womit auch andere Erzählungen von alten Leuten, die das Grab schon lange deckt, genau übereinstimmte, die ich noch als Knab mehrfältig anhörte. Diese in meiner Seele tief eingeprägte Großthat, machte mich stolz darauf, ein Pforzheimer zu seyn.

Mit meinen Geschäften beständig, wie mit einer Sphäre umgeben, kam ich sehr wenig in Gesellschaften, und wenn ich deren etwa geniesen konnte, so vernahm ich nicht einmal mehr ein Wort von denen Begebenheiten dieser jämmerlichen Zeiten, das mir hätte Gelegenheit geben können, von dieser Großthat etwas zu erwähnen oder zu vernehmen, ob noch andern hievon etwas bekannt wäre. Sie wäre also vermuthlich mit mir ins Grab der Vergessen-

heit gesunken, wenn mir nicht eine artri-
bische Krankheit Muse verschafft hätte,
die Belagerung von Calais zu lesen, um
damit Schmerz und Langeweile zu vertreiben. Dramatisch bearbeitete Geschichte sind deswegen meine Lieblings-Lectüre,
weil diese alle Springfedern, Ursachen und
Gänge enthalten (sollen), die den Ausgang
veranlaßen. Der Verfaßer dieses Drama
besaß die Kunst, den heroischen Entschluß
der 36 dortigen Bürgern, für die Uebrige
zu sterben, so meisterhaft zu schildern, daß
ich eifersüchtig wurde und wünschte, ein
Gegenstück aus der teutschen Geschichte
aufzufinden. Da fiel mir die von mir
selbst fast vergeßene Großthat der 400
Pforzheimer Bürger bei, und ich nahm
sogleich vor, einen Versuch zu wagen,
diesen Heroismus zu dramatisiren. Meine
Krankheit dauerte zu lang, als daß ich,
aller Schwürigkeit ungeacht, das Trauerspiel nicht hätte vollenden sollen. Diese
Bearbeitung aber erinnerte mich zugleich
auch an die darauf erfolgte weitere betrüb-

te Schicksale meiner Vaterstadt. Ich
dachte daher, wohl zu thun, wenn ich
auch diese so niederschreiben würde, wie
ich sie von alten Leuten gehört und in
meiner Voreltern Schriften gefunden, um
einst meinen Kindern diese jedem Pforzheimer so interessante Zufälle nachzulaßen.
Dieses veranlaßte nun meinen Vorbericht.
Als ich diesen fertig hatte, glaubte ich,
daß er gute Würkung bei allen meinen
Mitbürgern machen würde, wenn er in
ihre Hände käme, und dieses gab Gelegenheit zur Anrede an meine liebe Mit-
Bürger, die nach meinem Tode, wie aus
dem Grabe gesprochen, immer Eindruck
machen dürfte, und der Gedanke, daß
vielleicht eines meiner Kinder die Schrift
drucken laßen dürfte, verleitete mich endlich zum Aufsaz meiner Zueignungs-Schrift,
um darinnen meine tiefe Verehrung und
wahre Gesinnung meines Herzens gegen
den liebenswürdigsten der Fürsten zu
bezeugen, und somit meinem Herrn

Raum zu schaffen, wenn ich diese nie-
derschreibe.

Aber die Vorsehung gestattete nicht, daß
mein Manuscript in meinem Pult bleiben
sollte.   Die Ehre eines Besuchs von un-
serem würdigen Obervogt, Herrn Ge-
heimden Rath Wieland und Herrn Ge-
heimden Hofrath Ring von Carlsruhe,
dabei das Gespräch auf den dreißigjähri-
gen Krieg fiel, veranlaßte mich, hierbei
der Drangsaale zu erwähnen, die meine
Vaterstadt damal und nachher betroffen,
wobei ich auch den Tod dieser 400 Männer bei der Schlacht zu Wimpfen mit-
erwähnte. Herr Geheime Hofrath hierauf
sehr aufmerksam gemacht, verlangte von
mir die nähere Umstände zu wißen. Dieses drang mir das Bekenntnus ab, daß
ich dieser Männer Tod dramatisirt hätte,
und ich nahm keinen Anstand, auf dessen
Verlangen, mein Manuscript Ihme zuzu-
senden. Und so kam dieses durch die Hände
dieses bekannten Musenfreundes in die

höchste Hände unsers theuresten Landes-
Herrns. Höchstdieselben ließen mir es wieder mit dem Bezeugen höchsten Wohlge-
fallens und mit der Weisung, es aufzube-
wahren, zurücksenden.

Die Vorfälle eines für die Wohlfart seiner Untertanen so besorgten Regenten's
sind zu häufig, als daß ich hätte vermuthen können, daß Höchstdieselben sich deßen
wieder so gnädig erinnern würden. Aber
im Oct. vorigen Jahrs, als ich eben den
Vorbericht wegen einigen Nachläßigkeiten
im Styl umschrieb und noch nicht damit
zu Ende war, forderte Herr Geheimde
Hofrath Molter das Manuscript mir mit dem
Bedeuten wieder ab, daß sich Serenissimus
deßen wieder erinnert hätten und es wieder zu lesen wünschten. Ich schickte es
den Augenblick nebst der unvollendeten
Verbeßerung taliter qualiter ein und erstaunte, als im Christmonat Herr Doctor
und Professor Posselt mit meinem Manuscript in der Hand in meine Wohnung

trat und erklärte, daß derselbe von Ihro
Hochfürstlichen Durchlaucht den gnädigsten
Auftrag haben, über den Vaterlands-Tod
jener Vierhundert eine öffentliche Rede zu
halten, worzu die Pforzheimer würden ein-
geladen werden, und somit diesen bis in
Tod getreuen Männern ein verdientes
Denkmal zu errichten. Mein Erstaunen
gieng in Rührung über, und eine Freudenthräne zitterte in meinem Aug. Ewig
weise Vorsehung, wie hätte ich damal,
als ich die Feder ergriff, das Drama zu
entwerfen, vermuten können, daß diese
geringe Arbeit einst meinen Mitbürgern
eine solche überfließende Gnade und Ehre,
und jenen tapfern Männern ein so vor-
trefliches Denkmal zuziehen würde?

Den 29ten Jänner dieses Jahrs war
der meinen lieben Mitbürgern unvergeßliche
Tag der Wonne und des Triumphs, an
dem der trefliche Redner, Herr Doctor
Posselt, dieses mit so vielem Ruhm be-
werkstelligte, indem die Rede in eines jeden

den rechtschaffenen Bürgers Brust gleiche
Glut von Treue gegen das Hochfürstliche
Haus anfachte und das Verlangen meiner
Mitbürger veranlaßte, daß ich meine
Schrift druken laßen möchte. Und so sorgte
die Vorsehung für das Aufleben dieser fast
vergeßenen Großthat.

Schreibt liebe Mitbürger, diesen feyerli-
chen Tag mit goldnen Lettern auf Ta-
feln in euren Häussern an, wie in euren
Herzen, damit auch eure Kinder und Enkel sich deßen erinnern. Er sei euch alle
Jahre ein feyerlicher Tag, um eure Herzen dem besten der Fürsten neuerdings zu
weihen und das Denckmal der Großthat
eurer Vorväter zu erneuern. Wie wars
euch, als euch das Antlitz eures theuersten
Landesherrns im Audienzsaal so huldreich
entgegen glänzte; als deßen väterliches
Herz denen Nachkömmlingen jener ent-
schloßenen Männern so brennend entgegen
wallte; Als Er selbst sich euch wie ein
Titus näherte, euch im Nothfall zu glei-

cher Treue gegen das Fürstliche Haus er-
mahnte und mit gerührtem Herzen seiner
landesväterlichen Huld, Gnade und Für-
sorge versicherte? Gewiß! Eure Wonne
läßt sich besser empfinden als schildern.
Voll tiefer Verehrung, in stillem Wonne-
gefühl, mit Freudenstrahlenden Augen,
sah ich Euch, da mein feindseeliges Ge-
schick mir nicht gestattete, jener rührenden
Scene beizuwohnen, an der Tafel sitzen,
und eine Mahlzeit geniesen, die für Fürsten zugerichtet schien und zeugte, wie
Werth dem Fürsten seine getreue Bürger
seyen. Wie war Euch, als Ihr die für
Euch bestimmte Pläze im herrlich erleuch-
teten Hörsaal einnahmet und den vortref-
lichen Redner die Nahmen eurer Vorväter nennen und Ihre That den schönsten
Thaten aller Zeiten an die Seite gesetzt,
hörtet? Ihr müßt mit mir gefühlt haben, daß jene vierhundert unsichtbar über
euch schwebten, ihrem Denkmal zu jauch-
ten, Anteil an der Ehre ihrer Nachkom-
nien nahmen, und Eure Herzen durch-

schauten, um da gleiche Entschlüsse entstehen zu sehen, im Nothfall den Tod fürs
Vaterland zu sterben. Ihr müßt mit
mir gefühlt haben, wie sie nach vollende-
tem Fest in die Wohnungen des Friedens
und ewiger Belohnung, mit Eurem Entschluß vergnügt, seeliger zurückkehrten,
um dem Ewigen auch für diese zeitliche
Belohnung ihrer blutigen Treue zu danken. Solltet ihr einst diese Seelige mit
der geringsten Abweichung von diesem Entschluß betrüben und einer so hohen und
in den Geschichten nicht vorkommenden
Ehre vergeßen können? Nein! Ich sehe
eure Augen, indem ihr dieses leßt, vom
wärmsten Entschluß glänzen, für das ge-
liebte Fürstenhaus zu leben, und für eine
solche Ehre dankbar zu sterben. Pflanzet
diesen Dank in den Seelen eurer Kinder
und Enkeln fort! Glaubet aber auch
nicht, daß ihr diese Ehre neidlos ge-
nossen! Tröstet euch dißfals mit mir.
Lachet des Neiders, und laßt ihn euch,
wie mich, um so mehr reizen, diese Ehre

mit standhafter Ergebenheit und Treü
gegen das Hochfürstl. Haus zu verdienen!
Betragt euch, als rechtschaffene, fleißige
Bürger! Liebt euer Vaterland und Ge-
burtsstadt! Dann werden die stumpfe
Pfeile des Neids an euch abklitschen, die
Verläumbung wird verstummen und
eure Fürsten werden euch mit dem großen
Titel: Liebe und getreue Bürger, ferner-
hin beehren, der alle andere übertrift.

Euer Danck, euer Händedruck hat mich
gerührt. Euch war es nicht verwehrt,
mir den erstern durch die häufige Pränu-
merationen, womit ihr meine Schrift beehren wollen, zu bezeugen. Diese Schrift
enthält das Ehrendenckmal eurer Vorväter. Verwahret sie, damit sie auch
eure Enckel nüzen, und nehmet meinen
öffentlichen Dank für diese Zuneigung!

Ich schliesse mit dem Versprechen, daß
die Fortsetzung der Pforzheimer Geschichte
nach meinem Tod sich vorfinden werde,

die vielleicht einem jeden rechtschaffenen
Bürger willkomm und nüzlich seyn dürfte.
Sie wird in allem Betracht patriotisch
seyn.

Pforzheim den 5. April
1788.

Deimling.

Wegen Abwesenheit des Autors und pressantem Druck noch eingeschlichne Druckfehler.

Zueignungsschr.

4te Seite 9te Linie statt kniee ließ: knien,

Vorbericht.

VII. S. 16. L. st. vorbunden, l. verbinden.

X. S. 10. L. st. geben könnten l. hätten geben können.

XI. S. 16. L. st. Brözinzer l. Brözinger.

XVII. S. 14. L. st. Speinen l. Spanien.

XXII. S. 8. L. st. Uniirte l. Unirte.

XXIII. S. 6. L. st. des gl.

Drama.

49. S. lezte L. st. weiß l. weißt.

85. S. 10. L. st. Eage l. Sache.

87. S. 15. L. st. tödteten, l. tödtenden.

100. S. lezte L. st. nur, l. mir.

101. S. 4. L. st. je, l. ja.

108. S. lezte L. st. deren überflüßig.

114. S. 15. L. st. immer, l. nimmer.

115. S. 19. L. st. Mannens, l. Mannes.

131. S. lezte L. st. gejay, l. gejagt.

132. S. 3. L. st. einma, l. einmal.

144. S. 4. L. st. Grav Tilly, l. General Tilly.

151. S. 13. L. st. bekam, l. bekom.

Lat. Gedicht.

163. S. 9. L. st. Aemurus , l. Aemulus.
163. S. 19. L. st. Effrenis , l. Effrenis.
166. S. 1. L. st. Religione, L. Relligione.
167. S. 5. L. st. Germania, l. Germana.
167. S. 8. L. st. Catetanos l. Caletanos.

Endlich gehört

im Pränumeranten Verzeichnis

Herr Joh. Georg Müller , älterer
unter die Rubrick Durlach , statt
Emmendingen.